実例が
見られる！

0〜5歳児

子どもの姿からつくる

これからの指導計画

大豆生田啓友／編著

（玉川大学）

チャイルド本社

はじめに

　この本の読者の皆様は、「指導計画」と聞いてどのようなイメージをもたれるでしょうか。多くの方は、年間計画や月案、週案などを思い起こされると思います。その印象はどうでしょうか。ワクワクするような感じがありますか。現場の方の声を聞くと、どうも書かなければいけない「ツラい業務」というイメージもありそうです。例年の計画や、雑誌や本の計画等を書き写したりしている園もあるようです。それから、行事や決まった活動などの子どもにさせる活動の羅列になっているものもよく目にします。さらに、監査のために書かねばならぬものという理由で書いているという話もよく聞きます。たしかに、これだと計画を書くお仕事は苦行に思えるかもしれません。

　でも、本来、「指導計画」って保育の質の根幹になる大切なものです。計画は子どもにさせる活動の羅列ではなく、子どもに経験してほしい願い（ねらい）とその内容の見通しを示したものです。しかもそれは、子どもと保育者が共に毎日の保育をつくっていくなかで学びを生み出していく内容となります。だからそれは、今日（今週、あるいは今月）の子どもの姿を受けて、「明日（来週、あるいは来月）は、子どもがこんな経験ができるといいなあ」「じゃあ、こんな計画を入れようかな」とか「こんな環境を用意しようかな」など、大まかなイメージをもつことです。私が保育者だった頃、それはとてもワクワクする時間でした。しかも、保育に役立つものでした。だって、「明日（来週、あるいは来月）、子どもとこんなふうに過ごしたいなあ」と考える時間だったからです。計画を書くことが「ツラい業務」と感じるのであれば、それがワクワクする時間になるとよいなあと思い、本書を編集しました。先生方のワクワクは、おそらく子どものワクワクにもなり、保育の質向上につながるのです。

玉川大学教授　大豆生田啓友

0〜5歳児 子どもの姿からつくる

これからの指導計画　目次

1章 今、指導計画に求められること ………… 7

「子どもの姿からつくる」計画へ
指導計画が変わり始めている

子どもの姿が生きる計画作成のために
子どもの見方・記録のとり方を見直そう

2章 これからの指導計画 7園の実例と作り方 ………… 17

3・4・5歳児

教えて! 大豆生田先生
3章 これからの指導計画 Q&A ………… 102

本書をご活用いただくにあたって

・本書では、各園で工夫してつくられている指導計画の実例を紹介しています。読者の皆様の園の実情に合わせて、参考にしてください。
・本書に掲載している各園の指導計画は、掲載時のものです。これが完成形ではなく、今後も進化し続けていくものです。
・紹介している計画の年齢は一例です。形式の特徴を生かして、他の年齢にも応用できます。
・実例内の、グレーで塗った箇所には、子どもや保育者の個人名が入っています。

本書の特長

園で実際に作成し、取り組んでいる指導計画の実例を、指導計画のタイプごとに詳しく紹介・解説します。

ポイント ① メインの計画を徹底図解！

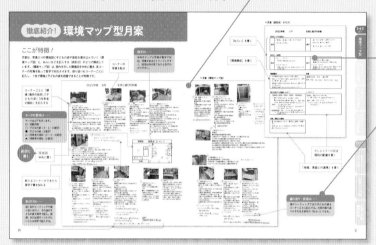

メインとなる指導計画の全体図を大きく掲載し、その特徴や内容を紹介します

メインの計画と連動する計画を紹介します

計画の項目や内容など、図の見方を解説します

計画作成の工程を、順を追って詳細に解説します

ポイント ② 計画作成の流れがわかる！

計画作成の流れを、時系列で示します

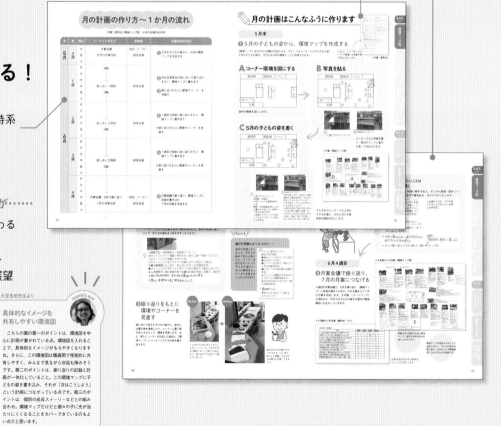

他にもこんな内容が……

- メインの計画と関わる他の計画との連動
- 計画作成のポイント
- これからの課題と展望

大豆生田先生からのコメントも！

mame's eye

大豆生田先生より

具体的なイメージを共有しやすい環境図

こちらの園の第一のポイントは、環境図を中心に計画が書かれている点。環境図を入れることで、具体的なイメージがもちやすくなりますね。さらに、この環境図は職員間で視覚的に共有しやすく、みんなで見ながら対話も弾みそうです。第二のポイントは、振り返りの記録と計画が一体化していること。この環境マップに子どもの姿を書き込み、それが「次はこうしよう」という計画につながっている点です。第三のポイントは、個別の成長ストーリーなどとの組み合わせ。環境マップだけだと個々の子どもが当たりにくくなることをカバーできているのもよい点だと思います。

1章
今、指導計画に求められること

保育に欠かすことのできない指導計画。

でも、計画を作成すること自体が目的になってしまい、

計画を実際の保育に生かせていないこともあるのではないでしょうか。

本当に保育に役立つ計画にするためにはどうすればよいか、考えてみましょう。

「子どもの姿からつくる」計画へ
指導計画が
変わり始めている

子どもの主体性を尊重する
質の高い保育を目指す時代に

　この数年間で、保育業界は激動期を迎えています。長年続けられてきた、一斉指導型の昔ながらの保育をしていればよい、という考え方では、子どもにとってマイナスなだけでなく、園自体も立ち行かなくなっていくでしょう。つまり、どの園も子どもの主体性を尊重する「質の高い保育」を目指す時代に入ってきているのです。

　では、保育の質を高めるためにはなにをすればよいでしょうか。環境を変えてみる、遊びの時間を増やしてみる、行事を変えてみるなど、さまざまな取り組みを始めている園もあるでしょう。ここで重要なのは、厚生労働省の「保育所等における保育の質の確保・向上に関する検討会」の取りまとめにもあるように「日々の振り返り」です。

　「今日、Aちゃんは砂場に関心が出てきたようだ。だから、明日はこんな道具を用意してみよう」というように、今日の子どもの姿を振り返って、明日の保育にどう生かすかを考えます。その際、自分のなかだけではなく、同僚や保護者との対話も含めて、「今日のことから明日へ」という振り返りのサイクルをつくることが必要です。PDCAサイクルと言ってもよいのですが、スタートが計画（P：Plan）ありきではないことから、私は「子どもの姿からのサイクル」という言い方をしています。

　こうした流れのなかで、記録のあり方も変わってきています。写真を使った記録であるドキュメンテーションを作る動きも広がってきました。今はまだ、保護者への写真付きおたよりの役割にとどまっている園もあると思いますが、その記録をもとに今日の保育を振り返って、明日の保育に役立てることが本来の振り返りです。記録を意味あるものとして活用していくことが、保育の質を高めていくためには必要不可欠です。

子どもの主体的な活動を大切にする

　幼稚園教育要領や保育所保育指針などには、子どもの主体的な活動を大切にすることが書かれています。しかし、子ども主体の保育に取り組んでいる園であっても、指導計画は書籍や雑誌、また昨年のものを書き写したりしているケースが多いようです。本来、**それぞれの子どもの姿から、明日の保育や来週の保育、来月の保育を考えていくと、その保育計画は、その園やクラスだけのオーダーメイドになる**はずなのです。書き写した計画では実際の保育の役に立っておらず、ではなんのために作成しているかというと、監査のため、ということになってしまいます。

　今日の記録が明日の計画へ、今週の振り返りが来週の計画へ、今月の振り返りが来月の計画へ、というように、記録の振り返りは計画へとつながります。ですから、記録と計画は本来ひとつなのです。子どもの主体的な活動のなかで書いた記録が、「明日どうしよう」を考える材料になり、それが週や月、さらに期や年へとつながっていけば、常に子どもの姿をベースとしたサイクルで計画がつくられていきます。監査を受けるために「計画を書き写す」という、いわば苦行のような作業をする必要はなくなるのです。

■ 子どもの姿からのサイクル（子どもの姿から計画・実践へ）

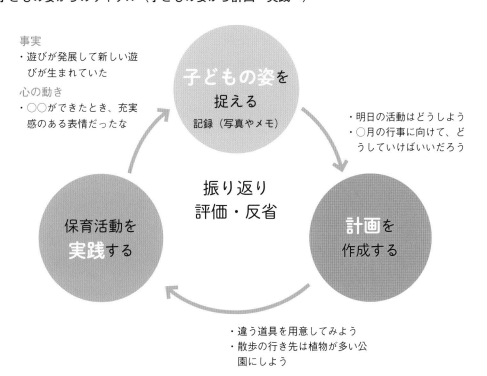

事実
・遊びが発展して新しい遊びが生まれていた

心の動き
・○○ができたとき、充実感のある表情だったな

子どもの姿を捉える
記録（写真やメモ）

・明日の活動はどうしよう
・○月の行事に向けて、どうしていけばいいだろう

振り返り
評価・反省

計画を作成する

保育活動を実践する

・違う道具を用意してみよう
・散歩の行き先は植物が多い公園にしよう

保育者同士の「おしゃべり」が
週案や月案になる

　記録や振り返りの方法を考えてみましょう。私の知っているある園では、週に1回あるいは月に1回、週案や月案の会議をしています。会議といってもおしゃべりです。「今週、Bちゃんがこんな発見をしていたよ」「今、この遊びがおもしろいよね」というようなおしゃべりを付箋にメモして、ボードなどに貼っていきます。そこに、「今月はこんな姿が見られたから、来月はこんな姿が見られるといいな」と、予測できる子どもの姿など、考えられることを書き足していくのです。それらの付箋を「来月のねらいはこれかな」「注意しておかないといけないことはこれかな」という視点で整理していくと、子どもの姿からつくられた、来週、来月の計画ができあがるというわけです。

　"ねらい"というのは、保育者の"願い"です。今の子どもの姿から、次に遊び・活動を通して経験してほしいことを考えましょう。

想定外のことを書き足していく
それも含めて計画と考える

　"カリキュラム"の語源は、「競走馬が走ったコース」……教育学の世界では、よくそのような話を聞きます。先にコースがあるのではなく、馬が走ったあとにできた足跡をさした、とも。もともとのラテン語の語源には、そのような意味合いもあったようです。

　つまり、カリキュラム（計画）は、最初に全部決めておくものではなく、実際に子どもがやったことを後付けで書いていくことも含めて計画なのだ、という考え方です。そう考えていくと、子ども主体の保育と計画が一致してくるようになります。

　「こんなふうになったらいいな」という保育者の考え通りにはいかないのが、子ども主体の保育ですから、予想外の姿もあとで書き足しましょう。その時々の実際に合わせてあとから書き足していく、計画とはそのような形でよいのだと思います。

自治体も受け入れ始めた
本当の意味で役立つ計画

　自治体も少しずつ変わってきました。ある地域の公立保育園は、ドキュメンテーションが日々の日誌の役割を果たしています。振り返りから明日こうしよう、ということが書かれているわけですから、同時に計画でもあります。また、保育ICTシステムのなかには、計画と記録が同じシートにまとめられているものもあります。監査を受ける際にも日頃活用しているその計画を提出すればよいと、多くの指導者が声を上げているため、自治体もいろいろな形式を受け入れるようになってきました。

　子どもの姿を振り返るプロセスから計画が生まれてくるというように、目の前の子どもの保育に、本当の意味で役立つ計画へ。それは現場の保育者にとっても、義務感でこなす事務作業ではなく、書きたいことが書ける書類になります。園も自治体も、そのような計画を目指す動きが高まっているのです。

指導計画は
園によって個性が出るもの

　子ども主体の保育が広がり始めたことで、これまでの指導計画では、「どうもおかしいな」「計画と保育が一致しないな」と感じる園が増えてきています。この本では、いろいろな園が自分たちのやり方で、「子どもの姿からつくる計画」を試行錯誤しているモデルを紹介しています。指導計画を見直したいと考えたら、はじめは、そうした他園の計画に対する考え方や、それをどのようにまとめているかを見て、まねしてみるとよいと思います。取り組むなかで、保育や計画に対する意識が変わったり、「自分たちの園にはこういう書き方が合っているな」というような気づきが生まれたりするでしょう。それが、指導計画を見直す第一歩です。

　この本で紹介する園は、月案がメインのところもあれば、週案をメインと考えるところもあります。計画の立て方にウェブと呼ばれる図を取り入れているところもあります。**どの園にも個性があり、多様**です。自分の園に合った形をつくること、それは、とてもよいことだと私は思うのです。

子どもの姿が生きる計画作成のために

子どもの見方・記録のとり方を見直そう

子どもが "見えてくる" 子どもの姿の捉え方

●子どもの「足りないところ」ではなく「伸びようとしているところ」を見る

　10の姿や5領域で子どもを捉えようとすると、「あれが足りない」「これができてない」と気になることがあります。子どもを「足りていないこと」で捉えるのはやめましょう、と私はよく言っています。足りていないところばかりを見ていると、子どものマイナス面しか見えなくなってしまうからです。

　「足りないところ」ではなく、その子が「今好きなこと」「いいところ」を見る、それが子どものよさや伸びようとしている芽を引き出す保育につながるはずです。

　一方で、ネガティブな場面も当然あります。たとえば、「この頃Cちゃん、よく手を出してしまっている。今日もDちゃんを叩いていたな」というような姿です。そうした場面では、「Cちゃんが友達を叩いてしまうのは、自分を出せていないからなのかな」などと、事実の記録とは別に、保育者が仮説を立てることも必要です。そうすると、「明日、自分を出せるようにこんなふうにしてみるといいかな」というような計画へつなげることができます。

●子どもの育ちや興味・関心に注目する

　自由活動の時間があった場合、子どもたちは興味・関心から自らの遊びを選択します。クラスという単位で見たとき、虫捕り遊びに夢中になる子たち、川づくりを楽しむ子たち、というように、自然発生的にいくつかの遊びの群れができるでしょう。子どもを見るというのは、そうした遊びの群れや、あるいは子ども一人ひとりの興味・関心や経験を見てほしいのです。そのなかで見えてくる「子どもにとって大事な経験をしているな」「こんな姿が見られるようになったな」という保育者の専門家としての視点から、「明日こうしよう」が

生まれてくるのだと思います。

　明日へつながる記録や計画をうまく書けないときは、子どもを正しく捉えられているかどうか、少し立ち止まって考えてみましょう。「書けない＝見えていない」という場合があるからです。たとえばクラス全体が虫捕り遊びに夢中になっているとすれば、探す・捕まえる・観察するなどの行動や、虫の種類を知るなど、興味・関心の内容をさらにていねいに分けて捉えることもできるでしょう。

　配慮を要する子や年齢によっては、個別の計画が必要になりますが、クラスでも個人でも、子どもの気持ちに目を向けずに、“お世話をする”“子どもに活動させる”というふうに思っていると、その子の姿は見えてきません。０・１・２歳の生活中心の保育でも、子どもの姿は毎日違います。**一人ひとりの育ちや興味・関心を読み取り、その子の姿を正しく捉えましょう。**

●「10の姿」は長いスパンで捉える

　計画には「幼児期の終わりまでに育ってほしい姿（10の姿）」を入れなければならないという考えもあります。ですが、10の姿が日々の計画に入っていると「その姿が育っている安心感」のようなものを感じて満足してしまう場合があるので、注意が必要です。10の姿は、５歳児の終わりまでに育てばいい姿ですから、３歳児の週案を作成するときに、「自立心を育む活動を入れないと！」などという意識に捉われる必要はないのです。

　子どもたちの興味・関心に沿った活動を週などの短いスパンで見たとき、10の姿が偏るのは当然です。活動が広がると10の姿も広がりますが、それは10の姿が長いスパンで見たときに見えてくるものだからです。つまり、**子どもが夢中に遊んでいる保育を大事にしていると、10の姿は自然に入ってくる**のです。

　10の姿は、日々の活動のねらいとして考えるものではなく、中長期の、１学期・２学期・３学期もしくは春・夏・秋・冬くらいの期のスパンで考えるとよいと思います。「10の姿、この時期はどうだろうね」と振り返ってみましょう。

子どもを見る視点が育つ
保育記録のとり方

●心が動いた場面をメモする

　近年、ドキュメンテーションのニーズがとても高まっています。**記録で大事なのは、今日保育者の心が動いた場面を、メモできるかどうかです。**私はこうしたテーマを話すとき、あえて「メモ」と言っています。現場の保育者が、保育をしながらその場でエピソード記録を書いていくことは難しいからです。時間的な余裕がないことも多いでしょう。

　長い文章でなくてよいので、**「今日はここがよかったよね！」ということが、メモで何点か書けていればよい**と思います。メモしている、つまり記憶している時点で、振り返りや自己評価も行っているのです。

　保育中に度々メモを書くことも難しいでしょうから、事務仕事の前などにメモするとよいと思います。それでも時間がなかったり思い出せないことがあったりするので、私は写真をおすすめしています。写真そのものがメモとなり、あとで振り返ったときにもわかりやすく、保育者間でも共有しやすいので、ぜひ活用してほしいと思います。

●写真を撮ると子どもを「見る視点」が育つ

　写真は撮影者の視点そのもの。その保育者が捉えた子どもの姿には、その保育者の子どもの見方が表れます。ですから、写真を撮ることで「今日、ここが大事だったな」という「見る視点」、つまり、**どのような点に注目して子どもや活動を見るとよいかがわかる**ようになり、子どもの姿の捉え方が習慣化されるようになります。それを保育者間で共有すると、保育者に必要な感性を互いに磨くことにもつながるでしょう。

　記録をとるのは、クラス内で担当制にするとよいと思います。毎日の振り返りに多くの時間はかけられないので、立ち話などで共有します。そうして語り合う風土ができていくとよいですね。

大きな見通しの長期計画と
日々の短期計画との関連

●長期計画の大きな見通しのなかで、子どもの姿から考える短期計画を

　子ども主体の保育に取り組むなかで、行事も子どもの姿と関連して行えるとよいでしょう。多くの園が、行事もまた変えていきたいと、動き出しています。

　園のなかで行事をどう位置づけているかはさまざまですが、たとえば運動会においては、「友達と協力して困難なことを乗り越えてほしい」「例年と同じことを子どもたちに経験させたい」という保育者の思いがあるかもしれません。一方で、「今の子どもたちの興味・関心を生かしたい」という思いもあるでしょう。そうしたなかで、大々的に運動会を変える場合もあるかもしれませんし、毎年行っているような定番の競技はある程度折り合いをつけて行い、別の競技は変えてみようという場合もあるでしょう。

　普段の遊びについても、「夏になったら毎年やっているから」という理由でプール遊びをするのではなく、今の子どもたちの興味・関心から「砂場や園庭を使って川をつくってみよう」という展開も考えられるでしょう。

　園生活の全てが子どもの遊びから生まれるわけではないので、年間計画などの大きな見通しは必要です。それを視野に入れると、「この時期だと、季節的にこんなことが経験できるよね」「来月あの行事があるから、今これを意識しておこう」といったことも当然入ってきます。しかし、そうした大きな見通し＝長期の計画は、短期の計画にそのままおろしてくるものではありません。行事日程がすでに決まっている運動会なども、単に、"させるもの""おろしてくるもの"という発想を変えるためには、「今年はそこに向けて、今の子どもの姿から、どうアプローチしていけばいいだろう」と考えることが重要です。

　そうしたなかで取り組んだ活動であれば、あとから振り返ったときに「この時期はこういうことを大事にしていたよね」ということが見えてくるでしょう。そして、次年度の年間計画は、今年度の月案をつなげたもので作られていくものとなり、それもまた、子どもの姿から生まれる計画なのだと思います。

ICT（情報通信技術）で事務作業の軽減と保育の質の向上を目指す

●事務時間を減らして子どもと向き合う時間をつくる

事務作業の時間や手間をどう減らすかは、保育者の大きな課題のひとつではないでしょうか。現場の保育者からは、「とにかく時間がありません」という声をよく聞きます。そこで、戦略のひとつとしてICT化があります。

ICTを導入すると、圧倒的に事務時間を減らすことができます。**「事務時間が短くなって保育の質が上がる」**というような仕組みも、ICTなら可能になるでしょう。今後ICTを導入する園は圧倒的に増えることは間違いありません。

〈保育ICTシステム導入のメリット〉

①**事務作業の負担軽減**：登降園の管理、個人情報の管理、連絡書類のデータ化

②**保育の質の向上**：保育の記録やドキュメンテーション、指導計画のデジタル化

特に写真で記録をとるようになると、保育記録の管理が楽になります。古い記録もすぐに取り出せますし、記録作成の際のプリントアウトや切り貼りの手間もなくなります。**写真は、保育者同士、また子どもとの対話のツールにもなります。**子どもたちが興味・関心のある事柄の写真を、保育室に貼るのもよいでしょう。例えば楽しかった水遊びの様子や、虫の写真、0・1・2歳児なら保育者や子どもたちの顔写真を貼ると、指さしや言葉がたくさん出てきます。写真を撮ること、写真で記録することは日々の保育にもプラスであるといえるでしょう。

●個人情報を扱っていることを意識する

ICTシステムの導入にあたっては、個人の記録や写真などの個人情報をインターネットを介して扱うこともあるため、流出する可能性も含めて注意する必要があるでしょう。どこまで発信するかも、個人情報保護の観点から考慮が必要です。

今までやっていなかったことを始めるとなると、慣れるまではむしろ手間がかかるかもしれません。しかし、ルーティンになってしまえば、かなり時間短縮できます。短い時間でいかに効率的に行い、保育の質を上げるかを考える必要があるでしょう。

2章
これからの指導計画
7園の実例と作り方

7つの園で実際に作成している、さまざまなタイプの指導計画の実例を紹介します。

どの園の計画も、現在進行形で改良を重ねられています。

ご自身の園やクラスの特徴に合わせて、できるところから取り入れるなど、

参考にしてみてください。

環境マップ

コーナーから子どもの姿が見える
環境マップ型月案

（3・4・5歳児／異年齢）

社会福祉法人ほうりん福祉会 幼保連携型認定こども園
寺子屋まんぼう（愛知県・名古屋市）
園長：牧野彰賢　主幹保育教諭：平川敏江

異年齢の大きなまとまりのなかで、環境を通して保育者全員でフレキシブルに関わる

　子どもを「0・1歳児」グループと、「3・4・5歳児」に2歳児を加えたグループの2つに分け、大きなまとまりのなかで異年齢児保育を行っています。子どもも大人もそれぞれ苦手なこと・得意なこと、好き・嫌いなどがあるもの。そのことを踏まえ、1年間1人の保育者を担任と決めるのではなく、各グループを保育者4〜5名で担当しています。また、好きなコーナーを選んで遊ぶ「コーナー保育」や、子どもがやりたいことを選択して遊ぶ「選択保育」など、子どもが主体的・自発的に遊べるような環境を用意し、遊びを充実させるようアプローチしています。一人ひとりの発達段階や生活特性を踏まえ、「遊・食・寝」を分離して食事や午睡は個々にとれる環境にすることで、一人ひとりがのびのびと生活できるようにしています。

異年齢が一緒に食事をするランチルーム。「遊・食・寝」のスペースを分離することで、遊びを中断せずに食べたい時間に食事ができます。

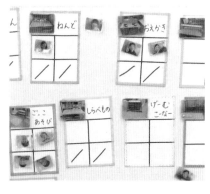

保育室にあるコーナーボード。遊びたいコーナーを自分で選び、ボードに顔写真を貼って示します。

園情報

寺子屋まんぼう

園　児　62名（0歳児9名、1歳児10名、2歳児10名、3・4・5歳児33名）

保育者　園長1名、主幹保育教諭1名、保育教諭11名（0・1歳児担当5名、2〜5歳児担当4名、フリー2名）、保育補助・遅番専任各1名

指導計画見直しのストーリー

以前の指導計画

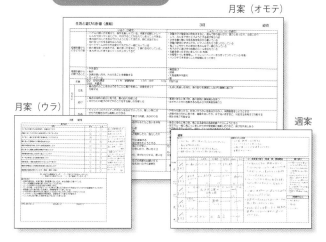

より子どもの姿が見える計画にしたい

今までの指導計画は、保育者にとって考えるよりも書くことがメインとなり、話し合いにおいても、子どもを集団として見ることが多かったように思います。もっと子ども一人ひとりを捉えた話し合いがしたいと考え、園長に相談したところ、実習生の環境理解のために取り入れている環境マップが、コーナーごとに子どもの姿が見えやすいため、それを月案に応用してはどうかとアドバイスを受け、職員と相談して変更しました。（主幹保育教諭：平川先生）

記録・反省が具体的な環境構成につながっていなかった

もともと、子どもの声から保育をつくりたいと考え、記録を書いていましたが、環境構成にはうまく反映されていませんでした。子どもたちが今遊びたいと思える環境をつくるには、記録や反省をどのように具体的なアプローチに変換するかが課題でした。（園長：牧野先生）

「記録を環境にどう落とし込むか」を考えた結果……

これが私たちの指導計画です！（概要）

▼月案（表形式・オモテ）

▼月案（環境マップ型）

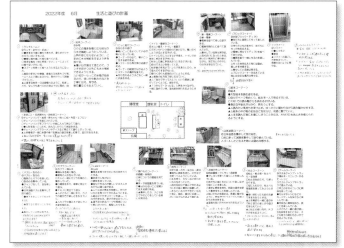

▼ワードマップ（戸外の活動）

次ページから徹底紹介！

徹底紹介！ 環境マップ型月案

ここが特徴！

月案は、写真入りの環境図に子どもの姿や援助を書き込んでいく〈環境マップ型〉と、ねらいなどを記入する〈表形式〉の2つで構成しています。〈環境マップ型〉は、室内を示した環境図を中央に置き、各コーナーの写真を貼って数字で対応させます。振り返りもコーナーごとに記入し、1枚で環境と子どもの姿を把握できることが特徴です。

コーナーの写真を貼る

数字は……
中央のマップと写真が数字で対応。写真があるとイメージしやすく、担任以外が見てもひと目でわかりやすい。

コーナーごとに「環境（場所の名前）」「子どもの姿」「保育者の援助」を記入する

マークの意味は……
マークは以下を示します。
◎：活動内容
○：子どもの姿（3・4・5歳児）
●：子どもの姿（2歳児）
△：保育者の援助（3・4・5歳児）
▲：保育者の援助（2歳児）

最初に書く／環境図 中央に置く

新たなコーナーができたら青字で書き加える

色分けは……
週1回のミーティングで振り返りを行い、その週の子どもの姿を青字で記入。翌週、または翌月へつなげたいことは赤字で記入する。

2022年度　6月　　生活と遊びの計画

① <ランチルーム>
◎ランチ・おやつ・手洗い
○●手を洗う事に慣れてきたが、濡らすだけで洗えていない子もいる。
○●席に落ち着いて座って食べている。
○苦手な食材（特に野菜）やメニューによっては食べない子もいる。
●スプーンを持って食べようとするようになった
△食前の手洗いや準備、食後の口拭き片づけ等、一人一人に丁寧に伝えたり、見せたりして習慣づけていく。
▲△苦手な物を一口は頑張れるように、励ましたり、少しでも食べられた時は十分に認め、自

⑭ <お茶コーナー>
◎水筒
○のどの渇きを感じたら自分から水分補給しようとしている。
○熱中症にならないように、こまめに水分補給をするよう声を掛ける。
●暑い日が増えてきたので、ランチやおやつ以外にも水分補給できるようにする。
●いるか・らっこの水筒が始まるので、使い方や飲み方などを丁寧に伝え、見守る。
飲む量なども伝えていく。

⑮ <ごっこ遊びコーナー>
◎なりきり遊び
●戦いごっこをよくしているが、戦いになっている。
●コーナーから出て、戦いごっこをする姿がある。
●ソファーから飛び降りる姿がある。
●コーナーの範囲が分かるようにステージの場所を変えた。
●なりきれるような子どもと一緒に衣装を作る。

・戦いごっこが少ない？
単発になっても1つのコーナー遊べるようになったから？

<トイレ・着替えコーナー>
◎オムツ替え・トイレ・着替え
○ズボンやパンツを自分で脱いだり、履いたり、しようとする子がいる。
○トイレに行こうとする子が増え、トイレでの排泄に成功する子もいる。
○排泄した後に手を洗おうとする子がいる。
○自分でオムツを持ってくる。
○排泄後の手洗いでハンカチを濡らしたり、水で遊んだりする子もいる。
○服のくるりんぱを自分でしようとする。
▲△着脱の仕方を丁寧に伝えていく。
▲△「自分でやってみよう」という意欲に繋がっていくように、援助する。
●「つかんで・ひっぱる」と声をかけながら、一緒に進めていき、達成感を味わえるようにする。

3 ◎ 絵本・パズル
・絵本のクッションがよく1人に落ちてる
・クッションに座って絵本ストーリーや絵本する子が

<ままごと・お店屋さん・お世話コーナー>
◎チェーンリング・食器・赤ちゃん・抱っこ紐・布団・エプロン
○チェーンリングを鍋に入れている。
○チェーンリングをフライパンや鍋に入れて見立てて遊ぶ。
○●人形を抱っこしたり、おんぶしたりして世話をする。
●チェーンリングでラーメンやアイスに見立てて盛り上がっている。
▲△保育者が一緒に料理や食べる真似の遊びを楽しむ事で、遊び方を伝える。
・ぬいぐるみを椅子、食べこぼし夏みんしたりする
・笑に、食材を入れて　まわれてくる

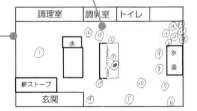

調理室	調乳室	トイレ

（環境図 中央に置く／水・薪ストーブ・玄関・水道）

② <パズル・型はめ>
◎パズル・型はめ
○階段の上り下りを楽しんでいる。
○型はめを集中している。
●ジャンプをして、音を楽しんでいる。
●日本地図パズルを集中して取り組む。
●椅子を台にして下をのぞき込む
△▲落ちると危ないことを伝える。
△集中している時は見守る。
・ぺんぎんかにのためのよみこと　コーナーにし1つにする？
・食材、キッチンところ、食器、赤ちゃん、かいりぞいてる
・パズル系おかたづけ簡単（ウォールポケット）×
・おり紙絵本を置く（3才）

④ <カプラコーナー>
◎カプラ・積み木
○積み木を高く積む。
○動物の人形をかんでいる。
○大人と一緒にカプラを積むと、集中していた。
●○線路を作り、電車に見立てて遊ぶ。
●ドミノに見立てて遊ぶ
△▲保育者と一緒に作り、カプラの遊び方や楽しさを伝えていく。
△カプラや積み木で遊んでいる姿を認める。
△ カプラとドミノに見立てる
・見本が見立てる子
→簡単なものを用意する
→見本を横に置いてあげる
・コーナーをせまくした事で集中して遊ぶ姿が増えた。

⑤ <LaQコーナー>
◎LaQ
○見本を見て作りたいものを作ろうとする。
○あまり人気がない
○興味を示している。
○自分で作るのが難しい子は大人や友だちに聞く姿がある。
△レベル別の見本を用意し、作ったものを見つけて作れるようにする。
△組み立てやすいパーツを渡し、つなげ方を伝え、遊び方を伝えていく。
△過不足のあるパーツについて問いかけたり、調整したりする。
子どもが作った物を
・パーツが多く入れものにしまう（青い）（ブルー茶）
・とめてたものは高い所の上に置いて子どもの遊びを保障する
・LaQに座る子もあり、遊びスペースを考える
・作りたいものができたとき、認め、喜びに共感し、次につなげられるよう関わる

⑨ <調べものコーナー>
◎図鑑・砂時計
○体についての図鑑を見ている。
●体・宇宙図鑑を見ている。
○分からないことを聞いて答える姿がある。
△集中したり、子ども同士でやりとりをしている時には見守る。
・大人も本を一緒に作ろうとする（休んで一緒に作ろう！）とある

⑥ <制作コーナー>
◎折り紙・のり・はさみ
●制作に興味を持ち、のりを使ってみようとしている。
○本を見て、ギターなど作りたいものを作っていた。
△廃材を自分で選んで作れるように手の届く場所に設置した。
△作りたいものができたとき、認め、喜びに共感し、次につなげられるよう関わ

出来た。宮成品を量産して置いてみる。

▼月案（表形式・オモテ）

2022年度　6月　　　生活と遊びの計画

ねらい（ぺんぎん）

生活	・身体を清潔に保つ方法を知り、やってみようとする。	遊び	・友だちと一緒に遊ぶなかで、やりとりを楽しみ、遊ぶ。 ・片づけを自らしようとする。

ねらい（幼児）

| 生活 | 〈らっこ・いるか〉
・水分補給の必要さを知る。
〈しゃち・くじら〉
・部屋の使い方などの自分達で決めていくようにする。 | 遊び | 〈らっこ・いるか〉
・いろいろな遊びを集中して遊ぶ
・異年齢の友だちの存在を知り関わろうとする。
〈しゃち・くじら〉
・異年齢の友だちに興味を持ち関わろうとする
・運動遊びの楽しさに気づき、友だちに知らせようとする。 |

環境構成

・水分補給も細めにとれるよう工夫して見守る。
・好きなコーナーで集中して遊び込められるように、場を作り、環境を変えていする。
・異年齢同士の関わりを持てるよう、友だちが一緒に遊べるように、場をつくる。
・運動遊びの楽しさに気づけるようなものを作りに伝えていく

行事

避難訓練引渡訓練、BSE、身体測定
実習（5/30〜6/11）（6/13〜6/25）（6/20〜7/4）

気になる子への配慮（幼児）
（ぺんぎん）

地域、家庭との連携

・暑い日や梅雨に入るので、着替えの補充をお願いする。
・水分の取り方など、家庭内でも自分ができる喜びを感じられるようにしてもらう。

「ねらい」を書く

「環境構成」を書く

気になる子への配慮
個別の配慮を書く

「地域、家庭との連携」を書く

▼月案（環境マップ型）

〈車・電車コーナー〉
車・電車
電車を棚の上に並べて遊ぶ姿がある。
集中している時は見守る。
取り合いになったときは、いたい気持ちに寄り添いながら、友だちとのやりとりの方法を伝えていく。

⑬〈ブロックコーナー〉
◎井型ブロック・デュプロ
●友だちと協同して作って楽しんでいる。
○作りたいものを作り、友だちに作った物を伝える。
○電車に見立ててデュプロを並べて走らせる。
○異年齢で一緒に作るのを楽しんでいる。
△作った物を伝えた時には認め、嬉しさを共感する。
△集中している時は見守る。
△ブロックコーナーを越えている時には安全な場合は見守る。

〈ソファー〉
◎ソファー
○●くつろぐ
●登る
▼ソファーの過ごし方を伝えていく。危険のないように見守る。

⑫〈絵本コーナー〉
◎絵本
●大型絵本を読む姿もある。
○自分でページをめくり、絵本を一人で見る子がいる。
○1対1での読み聞かせを求める子がいる。
●身近な平仮名が分かり、読もうとする。
▲△読みたい気持ちを受け止め、ゆったりと関わりながら読み聞かせをする。
▲△絵本の中の物の名前などを知らせ、発語に繋いでいく。
▲△本を読んだ後に本棚にしまうことを伝え、片付けた心地よさを感じられるようにする。

⑪〈立体迷路コーナー〉
◎立体迷路を集中して取り組む。
○床に座って迷路を集中して取り組んでいる。
△ゴールしたと伝えた時には認め共感する。

⑦〈お絵かきコーナー〉
◎自由画帳・クレヨン・色鉛筆
●クレヨンを使って描くことを楽しんでいる。
○友だちと描くものについて話しながら描くことを楽しむ。
○漢字に興味を持ち、部屋の漢字を探して書き写すことを楽しんでいる。
△描いたものを認める。言葉に繋がるように、声をかけてイメージして描いたものを共有する。
▲道具の使い方や片付け方を伝えていく。

⑧〈粘土コーナー〉
◎粘土・粘土板・粘土べら・型抜き
○粘土を丸めたり、ちぎったりする。
○型に入れたり、粘土べら等道具を使ってみようとする。
▲使い終わったら自ら石鹸で手を先おうとする。
▲保育者も一緒に遊ぶ中で粘土遊びの楽しさや遊び方を伝えていく。
△粘土の使い方や、片付け方等を伝えていく。

⑩〈ゲームコーナー〉
◎かえるジャンプ・トラック積み木・ミニレゴ・かるた・レシピ
○カエルジャンプやトラックで遊んでいる。
○年上の子がミニレゴに興味を持っている。
○カルタやレシピなどのカードゲームを友だちと楽しんでいる。
●平仮名に興味を持ち、読むことを楽しんでいる。
△子どもと一緒に遊び楽しさを共有するとともに、子ども同士の関わり合いができるようにする。

振り返り・反省は……

週のミーティングで出た子どもの姿をコーナーごとに記入する。月末の振り返りがそのまま翌月の「ねらい」になる。

3・4・5歳児
環境マップ型
0・1・2歳児

21

月の計画の作り方〜１か月の流れ

(月案〈表形式と環境マップ型〉・６月の計画作成の例)

月	週	曜日	ミーティングなど	参加者	計画作成の流れ
5月	4週	木 金 土	月案会議 ６月の月案作成	担任・リーダー 担任全員	❶ ５月の子どもの姿から、６月の環境マップを作成する
6月	1週	月 火 水 木 金 土	活動 ↓ 話し合い１回目 活動	担任全員	❷ 担任全員参加の話し合いで振り返りを行い、環境マップに書き足す ❸ 振り返りをもとに環境やコーナーを見直す
	2週	月 火 水 木 金 土	↓ 話し合い２回目 活動	担任全員	❹ １週目と同様に振り返りを行い、環境マップに書き足す ● 振り返りをもとに環境やコーナーを見直す
	3週	月 火 水 木 金 土	↓ 話し合い３回目 活動	担任全員	❹ １週目と同様に振り返りを行い、環境マップに書き足す ● 振り返りをもとに環境やコーナーを見直す
	4週	月 火 水 木 金 土	月案会議・６月の振り返り ７月の月案作成	担任・リーダー 担任全員	❺ 月案会議で振り返り、環境マップに反省を書き込む ７月の月案を作成する

月の計画はこんなふうに作ります

5月末

❶ 5月の子どもの姿から、環境マップを作成する

〈環境マップ〉は以下の3段階で作成します。ポイントはコーナーごとの子どもの姿。
5月の子どもの姿が、そのまま6月の環境マップに反映されます。

「ねらい」や「気になる子への配慮」は別紙の表形式に記入します。

▲月案（表形式）

Ａ コーナー環境を図にする

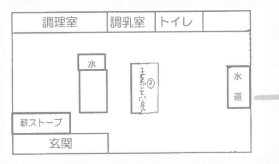

室内の環境を図にします。

Ｂ 写真を貼る

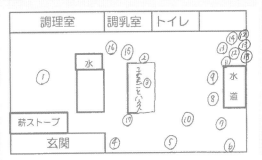

⑨ ＜調べものコーナー＞

⑥ ＜制作コーナー＞

コーナーごとに写真を撮り、室内のマップに番号を振って対応させます。

▼月案（環境マップ型）

Ｃ 5月の子どもの姿を書く

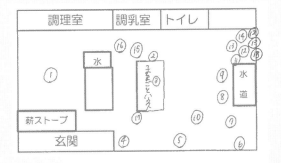

⑨ ＜調べものコーナー＞
◎図鑑・砂時計
○体についての図鑑を見ている
●体・宇宙図鑑を見ている。
○●分からないことを聞いて答える姿がある。
△▲集中したり、子ども同士でやりとりをしている時には見守る。

⑥ ＜制作コーナー＞
◎折り紙・のり・はさみ・廃材
●制作に興味を持ち、のりなどを使ってみようとしている。
○本を見て、ギターなど作りたいものを作っていた。
△廃材を自分で選んで作れるように手の届く場所に設置した。
△作りたいものができたと伝えた時に、認め、喜びに共感し、次につなげられるよう関わる。

それぞれのコーナーでの5月の子どもの姿と、それに対する保育者の援助を記入します。

❷ 振り返りを行い、環境マップに書き足す

週1回、2〜5歳児の担任全員で週の振り返りを行います。時間は30〜50分ほど。その週の子どもの姿を、コーナーごとに〈環境マップ〉に書き足していきます。

振り返りは0・1歳児の午睡の時間に行います。その間、0・1歳児の担任が2〜5歳児クラスのフォローに入ります。

D 1週目の子どもの姿や反省を「青字」で書く

コーナーでの子どもの姿を青字で書き込みます。事実を簡潔に書くことで、子どもの姿がより捉えやすくなります。

〈ままごと・お店屋さん・お世話コーナー〉
◎チェーンリング・食器・赤ちゃん・抱っこ紐・布団・エプロン
〇チェーンリングを器に入れている。
〇チェーンリングをフライパンや鍋に入れて見立てて遊ぶ。
〇●人形を抱っこしたり、おんぶしたりして世話をする。
●チェーンリングでラーメンやアイスなど見立てて盛り上がってい
▲△保育者が一緒に料理や食べる真似の遊びを楽しむ事で、遊びた
• ぬいぐるみを好み、食べさせて真似をしたりする
• 袋に、食材を入れて歩き回っている。

\Point/

遊びが発展しなくなったら……

遊びが発展しなくなった、子どもが飽きてきたと感じたら、コーナーを変えるタイミング。子どもの姿から、なにに興味をもっているかを捉えることを心がけます。

⑮〈ごっこ遊びコーナー〉
◎なりきり遊び
●戦いごっこをよくしているが、戦いになっている。
●コーナーから出て、戦いごっこをする姿がある。
●ソファーから飛び降りる姿がある。
▲コーナーの範囲が分かるようにステージの場所を変えた。
▲なりきれるよう子どもと一緒に衣装を作る。

• 最近はんでいない
単をわなくても他のコーナーで遊べるようになったから?

❸ 振り返りをもとに環境やコーナーを見直す

振り返りで捉えた子どもの姿から、遊びに必要な物を準備したり、コーナーに置く物を変えたりするなどして、環境を見直します。また、新たにコーナーを作成した場合は、〈環境マップ〉にコーナーと子どもの姿を書き加えます。

Befor

1つのかごにまとめて入れていたチェーンリング。子どもたちは「黄色＝カレー」「白＝ごはん」など、色に合わせて見立てて遊んでいました。

After

色を分けた方が遊びやすいのではないかと考え、色ごとに設置。子どもたちの遊びも充実してきました。

6月2週目・3週目

❹1週目と同様に 振り返りを行い、 環境マップに書き足す

1週目と同様に、子どもの様子を観察したら、その週の木曜日に振り返りを行って、〈環境マップ〉に子どもの姿を書き足します。室内以外の活動では、〈ワードマップ〉（P.26参照）も活用していきます。

6月4週目

❺月案会議で振り返り、 7月の月案につなげる

4週目の月案会議で、6月を振り返り、〈環境マップ〉に反省を書き入れます。それを踏まえて7月の月案を作成します。その際、〈ワードマップ〉も反映させ、戸外での子どもの様子を屋内の環境構成にも生かしていきます。

E 次につなげたいことは 「赤字」で書く

子どもの姿は1週目と同様に青字で記入。そこから翌週・翌月につなげたいことがあれば赤字で書き込み、分かりやすく示します。

▲レベル別の先生と同感し、作りたいものを見つけて作れるようにする。
△組み立てやすいパーツを渡し、つなげ方を伝え、遊び方を伝えていく。
▲過不足のあるパーツや環境について問いかけたり、調整したりする。

・子どもが戻って来に
・パーツの色など声かけてみる →ほしい
　　　　　　　　　　　（グレー、茶）
・とびとびたるの作品は高い棚の上に置いて、子どもの遊びを保障する。

・LaQに興味があり、遊び方を伝えると、自分で作ろうとする子が増えた。

△▲集中したり、子ども同士でやりとりをしている時には見守る。

具体。
完成品を一度作って置いてみる。

○大人で一緒に作ろうとする（紙って一緒に作ろう！）と言う。

▼6月終わりの月案（環境マップ型）

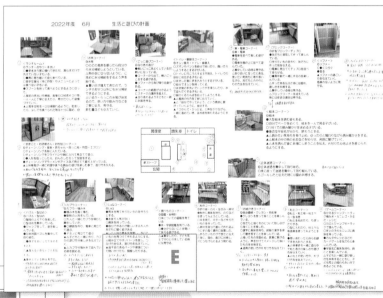

計画であり記録でもある環境マップ。青字と赤字が次の計画につながります。

環境マップは完成させることが目的ではなく、子どもの姿を的確に捉え、次のねらいや環境構成につなげるための記録です。

▼6月終わりの月案（表形式・ウラ）

振り返り（保育者）				
内容				
こどもの予想される姿を考え、計画を立てたか	○	▷	○	○
活動に対して子どもの人数を設定して行ったか	△	○	◎	○
子どもと一緒に生活や遊びを進めることができたか	○	○	○	○
個にあった言葉掛けや援助を心掛けたか	○	○	○	◎
事故や怪我を予測しながら必要な配慮をしたか	▷	○	○	○
前日までに活動に必要な準備ができたか	○	△	○	△
保育者自身も楽しみながら過ごしていたか	○	○	○	○
子どもの見本となる行動を意識したか	○	○	○	○
活動を通して個の成長を見つけることができたか	○	○	○	○
要領や研修などで保育の質を高める努力をしたか	△	○	△	○
職員間の連携は取れていたか（報告・連絡・相談）	△	△	△	△

月案作成担当が自己評価をチェック式で記入します

他の計画との連動

ワードマップ（戸外の活動）

子どもの声・興味をつなげると 育ちや援助が見えてくる

戸外の活動は環境マップではなく〈ワードマップ〉に書き込みます。〈ワードマップ〉は、「子どもの姿」に加えて「子どもの発言」を書くのが特徴。活動する度に書き込み、1年かけて1枚の紙に書き足していきます。戸外活動での子どもの声を拾うことで、興味を捉えやすく、子どもの育ちやそれに対する保育者の援助が具体的に見えてきます。

▼ワードマップ（11月時点）

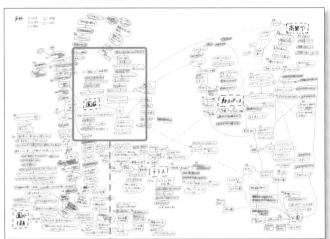

1年をかけて書き足していく外遊びのマップ。

Close-up！

色や形を変えて書き分け、 戸外から屋内へのつながりを分かりやすく

戸外遊びを6箇所（園庭、園外保育、テラス、動スペース、公園、高架下）に分け、その場所での子どもの姿・発言を拾い、ワードマップでつなげていきます。日付を入れ、色や囲みの形を変えることで「この発言からこうなった」「戸外から始まった活動から室内につながるものがある」などが見えてきます。

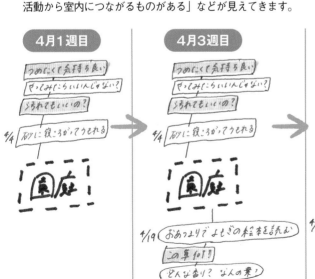

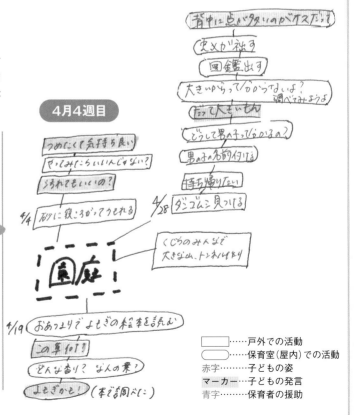

[　　　]……戸外での活動
(　　　)……保育室（屋内）での活動
赤字………子どもの姿
マーカー…子どもの発言
青字………保育者の援助

26

成長ストーリー

一人ひとりの成長記録が、個人記録や日誌代わりに

20年ほど前から、〈成長ストーリー〉という個人の成長記録を作成しています。毎日、活動のなかから1人に焦点を当てて、その日の姿や興味・関心を記録するもので、成長に合わせて月1枚程度のペースで書いています。毎日の連絡帳は午睡の時間などの必要な情報のみを記入し、送迎時にその日の様子を伝えることを心がけるようにしました。子どもの様子を知る頻度が減ることに保護者から不安の声もありましたが、スタートすると子どもの姿がわかりやすいと保護者も納得してくれました。

〈成長ストーリー〉は、毎日書くことで日誌代わりになり、毎月の個人記録（児童票）にもなります。また、卒園時には要録と共に小学校に送っていて、参考になると好評です。

保育者の思い
友達との関わりや発言などを具体的に記し、子どもが得た学びを、保育者の視点で書く。

学びの一歩
その出来事から得られた子どもの学びを、担当の保育者全員で読み合わせ、共有して書き込む。

子どもの姿の事例
子どもが学びを発見したり、夢中になったりする姿に気づいた保育者が写真を撮って書く。

▼成長ストーリー

お姉さんと

　　　　公園に行った時のことです。
年上のお姉さんの後ろについて、遊ぶ様子を見ていました。お姉さんが動けば　　ちゃんも動いて、鉄棒を真似したり、お姉さんたちの表情を覗いたりしていました。砂場で遊ぶお姉さんの所に隣に座って様子を見ていたので、保育者が「　　ちゃんも一緒にやってみる？」と声を掛けると、「ん〜！」と首を振りました。
そして少し後に「　　ちゃんも」と小さな声で言い、保育者と一緒にお姉さんたちの遊びに「入れて」と言いました。お姉さんたちは「いいよ！　　ちゃんこれやる？こっちがいい？」と声をかけ、「　　ちゃん、これやる」と笑顔で言い、遊びに加わりました。

＜保育者の思い＞
　進級してから少し経ち、朝もお母さんと泣かずに離れることが多くなってきました。登園時も、遊びに参加したり、「　　ちゃん、これやるの」と遊びたいものを見つけてて取り組む姿も見られます。少しずつ新しい環境に慣れてきたようで、嬉しいです。
　この日、年上の子の後を追いかけ、遊びを真似したり、表情を覗き込んだりする姿が見られたので、一緒に遊びたいのかな？と思い声をかけましたが、「ん〜」と首を振りました。一緒に遊びたいけど、恥ずかしいと感じているのかなと思ったので、　　ちゃんのタイミングでアクションが起きるかなと見守っていました。するとその後、「　　ちゃんも」と言ったので、　　ちゃんのタイミング・自分の言葉で言いたかったことが分かりました。また、小さな声だったことから、　　ちゃんの恥ずかしがり屋な性格に加え、年上の子のに自分の気持ちを表現して伝えることの恥ずかしさや受け入れてもらえるのかなという不安を感じているように伝わってきました。しかし、　　ちゃんが一言声を掛けると、年上の子は受け入れてくれていました。その反応に安心したようで、そこから笑顔で自分の思いを伝えて遊びに加わっていたので、勇気を出して発信したことで伝わった喜びを感じられたのかなと思い、安心しました。
　そんな、恥ずかしいと感じながらも自分の思いを言葉で伝えようとする姿と、年上の子の遊びに興味を持って関わろうとしている姿に成長を感じました。
　これからも、幼児の生活や遊び方に慣れ、年上の子の遊びに刺激を受けながら、好きな遊びを見つけて楽しんでいってほしいなと思います。また、恥ずかしさや慣れない活動に戸惑うこともあるかと思います。　　ちゃんの様子を見ながら一緒に楽しんで行きたいなと思っています。

＜学びの一歩＞
・年上の子の遊びに興味を持ち、関わろうとする。
・自分の思いを言葉で伝える。

＜次への一歩＞
・年上の子の遊びを知り、一緒に楽しむ。
・様々な遊びを知り、楽しさを味わい、身近な相手と気持ちを通わせる。

日付	健康	人間関係	環境	言葉	表現
2022 4/6	①②③④	①⑥⑦	①	①②③	⑧

保護者欄

5領域との関連
子どもの姿を5領域にあてはめて書き入れることで、子どもを見る視点で足りないところが明確になる。

次への一歩
その子どもの次の学びへのアプローチを書く。これがその子の翌月の「ねらい」となる。

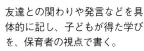

保護者も自由に手に取れる〈成長ストーリー〉

〈成長ストーリー〉はクラスの保護者が自由に閲覧できる場所に置いています。子どもが成長した点を伝えるように意識して保育をすることで、保育者の視点も変わり、〈成長ストーリー〉を読んだ保護者の子どもの見方も変化してきたと感じています。

自分の子ども以外の〈成長ストーリー〉は勝手に見ることはできませんが、保護者の許可を得るか、子どもが見せたいと言ったときにはOKとしています。

計画作成のポイント

ポイント

1 〈成長ストーリー〉と 振り返りで子どもの姿を共有

　計画作成には、子どもの今の姿を捉えることが重要です。そのためにも、〈成長ストーリー〉と毎週の振り返りで、他の保育者と気づきを共有しています。さまざまな視点で捉えた子どもの姿により、子どもへのアプローチの選択肢を増やすことができます。

ポイント

2 毎週の振り返りが 次の週案・月案に

　〈環境マップ〉は週案の役割もしています。子どもの姿を毎週振り返ることで、話し合いでの反省がそのまま翌週の週案、翌月の月案に反映されます。そのため、無理に新しいプランを立てることはありません。当月の振り返りが翌月の月初めのねらいになる、ということを毎月繰り返し、計画が途切れずつながっていきます。

ポイント

3 どの遊びも充実するよう 環境を整える

　子どもによって、また遊びによって、盛り上がっている遊びを発展させたい子も、他の遊びをしたい子もいます。そのため、環境を整えることで、それぞれの遊びが充実していくよう心がけています。例えば、いたるところで突発的に行われていた「戦いごっこ」はコーナーを作ることで、他の子の遊びを邪魔することがなくなりました。異年齢児保育のため、みんなが安全に楽しく遊ぶためには工夫が必要です。

調べものコーナー　お絵かきコーナー　絵本コーナー　お茶コーナー　ブロックコーナー　ごっこ遊び（戦いごっこ）コーナー

戦いごっこが盛り上がるなかでも、それぞれの興味に合ったコーナーで、好きな遊びにじっくりと取り組むことができます。

今の形にしてよかったこと

「環境」から子どもの姿を捉え、次の活動へのアプローチに落とし込みやすくなった

環境を通して活動を見ることで、的確に子どもの姿を捉えられるようになり、話し合いの場でも具体的な姿が出るようになりました。また、子どもの姿を話し合うようになったことで、若手の保育者も発言しやすくなり、「子どもにどうアプローチするか」も具体的な方法が出るようになったと感じます。

子どもの「今の姿」を反映した環境設定を考えられるように

子どもの姿や言葉から、興味をもったことを環境に反映させやすくなりました。例えば「お医者

魔女になりきる子、ブロックで遊ぶ子、友達と調べものをする子など、それぞれが好きな遊びに没頭しています。

さんごっこがしたい」という声から、ごっこ遊びのコーナーを作ったところ、保育者と一緒に衣装を作るなどして盛り上がり、その後、他のごっこ遊びへと発展していきました。逆に、遊びに発展がないと感じたら、保育者同士の話し合いで、子どもの興味や成長に合わせて環境を変え、別の遊びを提案するようにしています。

これからの課題と展望

子どもが本当に主体的でいられるか試行錯誤中

保育者は、子どもの興味・関心に働きかけるようにしていますが、本当にその活動が「子ども主体」か、「子ども主体」の名のもとに、大人のやってほしいことをさせていないかを考えながら行っています。また、コロナ禍で「体験・経験」の少ない子が多く、子どもからやりたいことの案が出てこない場合もあります。子どもの内発的な欲求をどうすれば引き出せるかも課題といえます。

大豆生田先生より

mame's eye

具体的なイメージを共有しやすい環境図

こちらの園の第一のポイントは、環境図を中心に計画が書かれている点。環境図を入れることで、具体的なイメージがもちやすくなりますね。さらに、この環境図は職員間で視覚的に共有しやすく、みんなで見ながら対話も弾みそうです。第二のポイントは、振り返りの記録と計画が一体化していること。この環境マップに子どもの姿を書き込み、それが「次はこうしよう」という計画につながっている点です。第三のポイントは、個別の成長ストーリーなどとの組み合わせ。環境マップだけだと個々の子に光が当たりにくくなることをカバーできているのもよい点だと思います。

ビフォー・アフター表

before → after

子どもの姿から目標を設定する

ビフォー・アフター表型月案

（5歳児）

幼稚園型認定こども園 学校法人伸和学園
堀川幼稚園（富山県・富山市）
副園長：波岡千穂

子どもが夢中になって
遊び込める環境をつくる

　2019年に幼稚園から認定こども園に移行した堀川幼稚園。遊びを中心とした幅広い体験を通し、集団活動のなかで豊かな人間性と自立する力を育てることを目指しています。遊びを通した友達との関わりのなかで、相手の思いに気づいたり、自分の気持ちを表現したり、また自分で考え、行動しようとしたりすることを大事にし、そのために、一人ひとりの主体性を尊重しながら、遊ぶことの楽しさ、うれしさなど、心を動かされる体験ができる活動や、夢中になって遊べる環境を工夫しています。園庭にあるどんぐりの木とツリーハウスもその一つ。自然を感じながら、夢中になって遊ぶシンボルとして、子どもたちに親しまれています。

ぶらんこや滑り台もあるどんぐりの木は、いつも子どもの笑顔でいっぱい。室内でも屋外でも、友達同士でアイデアを出し合いながら遊びを工夫しています。

園情報

堀川幼稚園

園児　園児：225名（0歳児3名、1歳児12名、2歳児12名、満3歳児18名、3歳児60名、4歳児60名、5歳児60名）

保育者　園長1名、副園長1名、主幹保育教諭2名、保育教諭32名（0・1歳児6名、2歳児3名、満3歳児4名、3歳児5名、4歳児3名、5歳児3名、預かり保育4名、全体フリー4名）

指導計画見直しのストーリー

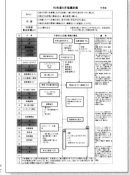

以前の指導計画

月案

振り返りや子どもの姿を
しっかりと反映させたい

今までの月案は、毎年この時期になにをやるかを示した「活動計画」が中心でした。活動計画は、行事など例年の活動の目安にはなるものの、現在のクラスの様子や子どもの姿が反映されていませんでした。毎週末に、翌週の週案作成のための話し合いをしているのに、振り返りや子どもの姿が反映されていないことがもったいないと感じていました。

子どもの変化を捉えやすい形にしたい

子どもの今の姿から、保育者がねらいや援助点・配慮点を意識して保育するため、〈ビフォー・アフター表〉というものを作成しています（P.35参照）。「現在の子どもの姿＝ビフォー」「目標＝アフター」として子どもの姿を「見える化」したもので、期ごとに振り返り、作成していました。その後、毎月行うようにしてみたところ、時間を要するうえに、子どもの姿にそれほど変化が見られなかったため、子どもの変化を捉えやすい2か月に1回行い、翌月は変更点のみ赤字を加える形に変更しました。（副園長：波岡先生）

「子どもの姿を反映しやすく、育ちを捉えやすい方法」を考えた結果……

これが私たちの指導計画です！（概要）

▼ビフォー・アフター表

▼月案（ビフォー・アフター表型）

▼週案

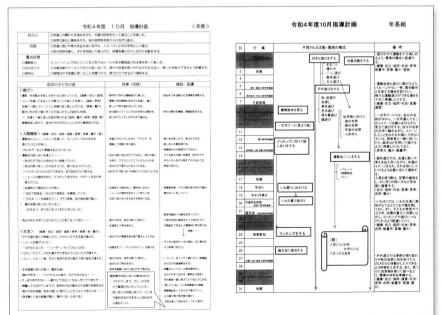

次ページから徹底紹介！　31

ここが特徴！

計画は、2か月に1回〈振り返りワーク〉をして作成する〈ビフォー・アフター表〉（P.35参照）で、「現在の子どもの姿（before）」から「目標（after）」をたて、それを月の活動計画と合わせたものを、〈月案（ビフォー・アフター表型）〉としています。〈ビフォー・アフター表〉と活動計画を合わせて1枚にしたことで、前月の子どもの姿を反映し、活動内容やねらいを考えやすいことが利点です。さらに、この月案を週案に反映させて、より子どもの姿を反映した具体的な保育計画としています。

▼月案（ビフォー・アフター表型）

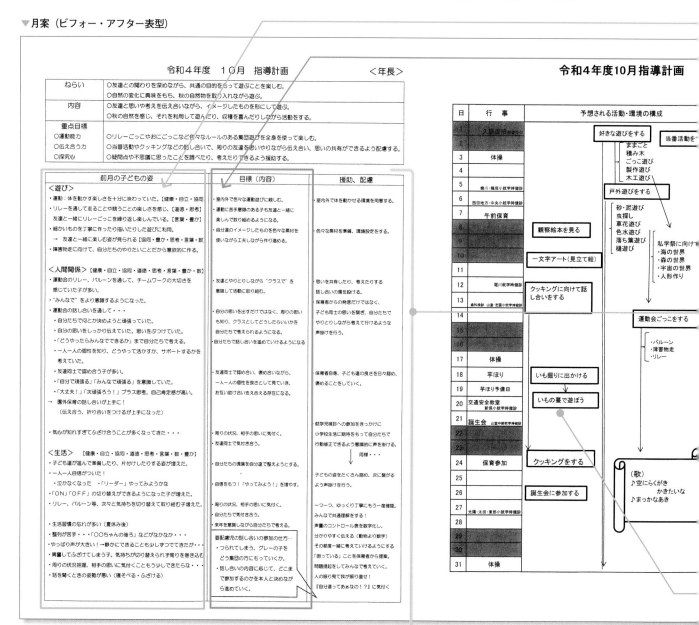

ビフォー・アフター部分　　活動計画

最初に書く

「現在の子どもの姿（before）」を書く

「目標（after）」を書く

目標に対する援助・配慮を書く

▼ビフォー・アフター表

現在の子どもの姿(before)	目標 (after)	10の姿	保育者の援助・配慮	結果(子どもの姿)

年度　5 歳児　9 月　ビフォー・アフター表

〈遊び〉
・体を動かす楽しさを十分に味わう。
・リレー→頑張る楽しさを感じ繰り返し…
・相談しながら工夫して作る→友達と一緒に…
・情報判定に向けて、自分たちで考えて作る。

〈人間関係〉
・チームワークの大切さ、みんなで"を意識。
・運動会の話し合いから…
　「自分たちのことを"自分たちで"
　　考えようとする姿
・友達同士が訳の言う姿
・プラス思考：自己肯定感が高い…
　一人一人の個性を知る、良さとして見る
・その後の園外保育の話し合い◎

・気心が知れすぎてふざけ合うことが
　多くなってきた…

〈生活〉
・自分たちで準備・片付けを進めるように！
・切り替えができる子が多い。
　次の活動、次の活動へ。
・運動会の結果が自信→意欲に。

・声量のコントロール
・話を聞くときの姿勢
・興奮して、ふざけてしまう…

目標 (after):
・今後を室内外で色々な運動遊びに親しむ。
　運動に苦手意識のある子も一緒に楽しむ。

・自分たちのイメージしたものを
　色々な素材を使って工夫しながら作り進める。

・友達とやりとりしながら
　"クラス"を意識して活動に取り組む。
・自分たちで話し合いを進めて
　いけるようになる。

・周りの状況、相手の思いに気付く。
・友達同士で気付き合う。

・自分たちの環境を
　自分たちで考えて、気付いて、整える。

・周りの状況、相手の思いに気付く。
・自分たちで気付き合う。
・小学校を意識しながら（期待をもって）
　自分たちで考える。

10の姿:
健康・自立
協同・言葉
豊か・数字

健康・自立
協同・道徳
思考・言葉
豊か・数字

健康・自立
協同・道徳
思考・言葉
豊か・数字

保育者の援助・配慮:
・室内外で体を動かせる環境の用意。

・色々な素材を用意。
・イメージの共有ができる場を設ける。

・保育者からの発信だけではなく、
　子ども同士の思いを繋ぐ自分たちで
　やりとりしながら考えていけるような声掛け。

・就学時検診への参加のきっかけに、
　小学校生活に期待をもって
　自分たちで考えて行動できるよう
　声掛けを行う。
・子どもの姿をたくさん認め、
　次に繋がるよう声掛けを行う。
・声量のコントロール表を教室化し、
　分かりやすく伝える。
・困っていることを保育者から提案！
　問題提起をしてみんなで考えよう。
・運動会の話し合いの参加の仕方
　→話し合いの内容に応じて
　どこまで参加するのか
　本人と決めながら進めていく。

「健康」…健康な心と体　「豊か」…豊かな感性と表現　「言葉」…言葉による伝え合い　「数量字」…数量・図形・文字等への関心・感覚
「自然」…自然との関わり・生命尊重　「思考力」…思考力の芽生え　「社会」…社会生活との関わり　「道徳性」…道徳性・規範意識の芽生え
「自立心」「協同性」

10の姿にあてはめる

2か月の終わりに子どもの姿を書く

次の「ビフォー」となる

年長組

備　考

り中で運動を十分楽しめ
る環境の構成に配慮す

自立・協同・社会・思考・
・言葉・豊か・道徳）

後も遊びに繋がるよう、
ンやリレー等、異年齢児
する機会を設けたり、
運動遊びができる場をを
準備したりする。
自立・協同・社会・言葉・

アートでは、自分の名
から、一文字選んでそこ
ージを膨らませながら
遊びをする。自分の名前
に触れながら、イメージ
をなかなか絵にできない
保育者と一緒に形にし
本などを用いて描ける
意識したりしておく。
・豊か・数量字）

びでは、友達と思いや
え合いをしながら、共通の
をもち、それを形にして
まう必要に応じて援助す

まう際は、空間の確保を
ぎりの扱い方など安全
慮する。
協同・社会・言葉・思考・

りでは、いもの生長に興
てるようつる・葉を残し
また、種の発見やつ
収穫の喜びに共感なな
ッキングや遊びにつな
よう配慮していく。
自立・協同・社会・思考・
量字・言葉・豊か）

びでは季節の移り変わ
の自然に目を向けたり、
と体を動かしたりできる
を工夫する。また、見つ
物を使って遊べるよ
や材料を準備する。
自立・協同・道徳・社会・
然・数量字・言葉・豊

翌月は、前月からの変更点のみ赤字にすることで時短を実現

活動計画は……

行事や例年のその年齢の活動を確認する際の目安になる。

▼週案

	10/17 (月)	10/18 (火)	10/19 (水)	10/20 (木)	10/21 (金)
ねらい	ドッジボールのルールを知ろう	友達とやりとりしながら同じイメージの中で遊ぶ楽しさを感じる	交通ルールを守り歩く自分たちでさまざまを探る楽しさ・喜びを感じる	交通ルールを再確認！「なんのため」に"よく知ろう！	友達とやりとりしながら同じイメージの中で遊ぶ楽しさを感じる
健康面	10:15～体操	いもほり　雨のため明日以降順延	いもほり4年生と歩く園バスセット	10:25～交通安全教室新体操小就学時検診(時間未定)	10:20～誕生会小学中部小就学時検診
主な活動			薬品セット		誕生カード

2022 年度　5 歳児　10 月　3 週　よつ 組

プログラム:

8:30 登園・身辺整理
・好きなあそび・製作・泥
・不工・ツバメ・水族館
・一文字アート
9:45 片付け→排泄
・朝の挨拶・知育・呼び
・当番・予定
・シール・荷物の出し入れ
・服入れ方　等
・にっこ帰確認出し発表
10:10 遊戯室～
10:15～10:55 体操
11:00～ゲーム
11:15 排泄・排泄
給食用意
㈬さつまいも 絵本
㈬スモック

8:30 登園・身辺整理
・好きなあそび・不工・泥
・製作・ツバメ・水族館
・和ねばこ
10:30 片付け→排泄
・朝の挨拶・知育・呼び
・当番・予定
・カバンなど
・シール・服の入れ方
・荷物の出し入れ
・見比べし、全体で共有
11:15 排泄・給食用意
13:45 排泄・降園用意
・明日のいもほり！！
㈬スモック

8:30 登園・身辺整理
・好きなあそび・不工・泥
・製作・ツバメ・恐竜
・瓶ねじ
9:40 片付け→集まる
・朝の挨拶・知育・呼び
・当番・予定
・いもほりの話
・歩き方・振り方
・長いものを持って
10:00 排泄・遊ぶ準備
10:15 園庭へ
（上田小へ）
10:20 出発
・写真と手紙…
12:15 バス降車（12:00 いも堀）
12:30 帰園
13:15 排泄 給食用意
13:45 排泄・降園用意
㈬スモック 長ぐつ

8:30 登園・身辺整理
・好きなあそび・不工・泥
・自動販売機・水族館
・製作・お店屋さん
10:10 片付け→排泄
・不工・イス片す
・朝の挨拶・知育なども
・当番・予定
・交通安全教室のことなど
・困ったときはどう伝える
・歩き方・協力の渡り方？
10:25 遊戯室へ入室
10:30～11:30 交通安全教室
→入室・排泄・給食用意
13:45 排泄・降園用意
㈬スモック長ぐつ

8:30 登園・身辺整理
・好きなあそび・製作・泥
・自動販売機・水族館
・製作・お店屋さん
10:00 片付け→排泄
・朝の挨拶・知育なども
・当番・予定
10:20 10月誕生会（おくり）
・マジック
11:00 排泄・給食用意
㈬戸外あそび
13:45 降園用意
㈬スモック

振り返り:

・体操→みんなで楽しん
だり、難しいルールのある運動を
理解しながら遊ぶ楽しさを
感じていた…ドッジボールを
することでさらに大人数の
クラスでの集団遊びをする
面白さを感じている様子…

・身の回りのこと→慣れにより
やらなくなったりするところを再度確認に
戻り。
「分かってるのに～」と、
分かっているけどやらない時の
こと等が感じられた…
こうやって振り返る機会を
大切だなと…

・いもほり→交通ルールを手引きしながら…
雨の秋を見つけながら楽しく知る…
いもほり：根気強く振り
進める力…お友達と協力し合う
こと等が感じられた…
いもほり以降さらに気持ち…
収穫をより豊かへ、子様の様子を見つけ
外遊びを楽しみ、すばらしい体験…

・交通安全教室→目白の歩い…
交通ルールについて
興味深々…言葉についてわくわく…
交通ルールはいくつか知って…
いる力…の力つを理由について
（なぜ○○はいけないのか など）
知ることができ、より深く学び…
になった…実際、積極的な…
渡り方を教えていただいて、やって
みることができてよかった…

・今月、順調に就学時…
検診に行き、実際に・…憧れの…
小学校へ行くことでドキドキだって！…
気持ちにドキドキだけど楽しみで…！
入学に知ろことができる機会が大切…
そして、自分たちで身の回りの…
整える姿が見られて…
大人に言われるからではなく、自分…
自ら意識をもって意識できる…
になっていて…実際、積極的な…
になっている。ステキだなと…
となり、より良いになるのだな…
そして、より良い体験につなげる…
次の姿として…

月の計画の作り方〜１か月の流れ

〈ビフォー・アフター表型月案・10月の計画作成の例〉

月	週	曜日	ミーティングなど	参加者	計画作成の流れ
9月	4週	木 金 土	２か月に１回、園内研修でビフォー・アフター表作成 10月の月案・週案作成	全員 担当・担任	① ９月の子どもの姿を付箋で集め、ビフォー・アフター表を作成する ② ビフォー・アフター表を月案に反映させる ③ 月案を週案に反映させる
10月	1週	月 火 水 木 金 土	活動 ↓ 週の振り返り・翌週の週案作成	担任	④ 週案は毎日振り返り、変更点は赤字で記入する ● 月案を翌週の週案に反映させる
	2週	月 火 水 木 金 土	活動 ↓ 週の振り返り・翌週の週案作成	担任	● 週案は毎日振り返り、変更点は赤字で記入する ● 月案を翌週の週案に反映させる
	3週	月 火 水 木 金 土	活動 ↓ 週の振り返り・翌週の週案作成	担任	● 週案は毎日振り返り、変更点は赤字で記入する ● 月案を翌週の週案に反映させる
	4週	月 火 水 木 金 土	活動 ↓ 週の振り返り・翌週の週案作成 10月の振り返り 11月の月案作成	担任 全員 担当	● 週案は毎日振り返り、変更点は赤字で記入する ⑤ 週案での活動を受けて、10月の月案に新しい項目を赤字で入れ、11月の月案を作成する

月の計画はこんなふうに作ります

9月末

❶ 9月の子どもの姿を付箋で集め、ビフォー・アフター表を作成する

園内研修で2か月に1回、保育者全員が〈振り返りワーク〉として、各学年ごとに付箋で子どもの姿を集めます。「遊び」「人間関係」「生活」の3つの分野に分けて、どんどん付箋に書いて貼り、話し合い、……を繰り返します。〈振り返りワーク〉で子どもの姿をまとめたら、手書きの〈ビフォー・アフター表〉の「現在の子どもの姿（before）」に書き入れます。そこから「目標（after）」を設定し、さらに「10の姿」と「保育者の援助・配慮」も記入していきます。

まずは付箋で〈振り返りワーク〉をします。付箋は「子どもの姿」「課題点」「ねらい・願い」「援助・工夫」で色分けします。

▲ 振り返りワーク

▼ビフォー・アフター表

年度　5歳児　　9月　　ビフォー・アフター表

現在の子どもの姿(before)	目　標(after)	10の姿	保育者の援助・配慮	結　果(子どもの姿)
〈遊び〉 ・体を動かす楽しさを十分に味わう。 ・リレーで競う・走る楽しさを感じ、繰り返し… ・細かいものを丁寧に作る→友達と一緒に！ ・障害物走に同様、自分たちで考えて作る。 〈人間関係〉 ・チームワークの大切さ、みんなでを意識！ ・運動会の話し合いから… ・自分たちのことを自分たちで考えようとする姿 ・友達同士で訳の言い合う姿 ・プラス思考：自己肯定感が高い！ ・一人一人の個性を知る→良さとして見る →その後の園外保育の話し合い☺ ・気心が知れすぎてふざけ合うことが多くなってきた… 〈生活〉 ・自分たちで準備・片付けを進めるように！ ・切り替えができる子が多い。 　次の活動、次の活動へ ・運動会の経験が自信→意欲に↑↑ ・声量のコントロール ・話を聞くときの姿勢 ・興奮してふざけてしまう…	今後も室内外で色々な運動遊びに親しむ。運動に苦手意識のある子も一緒に楽しもう！ ・自分たちのイメージしたものを色々な素材を使って工夫しながら作り進める。 ・友達とやりとりしながら"クラスで"を意識して活動に取り組む。 ・自分たちで話し合いを進めていけるようになる。 ・周りの状況・相手の思いに気付く。 ・友達同士で気付き合う。 自分たちの環境を自分たちで考えて、気付いて、整える。 ・周りの状況、相手の思いに気付く。 ・自分たちで気付き合う。 ・小学校を意識しながら(期待をもって)自分たちで考える。	健康・自立 協同・言葉 豊か・数 健康・自立 協同・道徳 思考・言葉 豊か・数 健康・自立 協同・道徳 思考・言葉 豊か・数	・室内外で体を動かせる環境の用意。 ・色々な素材を用意。 ・イメージの共有ができる物を設ける。 ・保育者からの発信だけでなく、子ども同士の思いを繋ぎ、自分たちでやりとりしながら考えていけるような声掛け。 ・就学時健診への参加をきっかけに小学校生活に期待をもって自分たちで考えて行動できるよう声掛けを行う。 ・子どもの姿をたくさん認め、次に繋がるより声掛けを行う。 ・声量コントロール表を数字化し、分かりやすく伝える。 ・困っていることを保育者から提案！問題提起をしてみんなで考える。 ・東京広児の話し合いの参加の仕方→話し合いの内容に応じてどこまで参加するのか本人と決めながら進めていく。	

「健康」…健康な心と体　「豊か」…豊かな感性と表現　　「言葉」…言葉による伝え合い　「数量字」…数量・図形 文字等への関心・感覚
「自然」…自然との関わり・生命尊重　「思考力」…思考力の芽生え　「社会」…社会生活との関わり　「道徳性」…道徳性・規範意識の芽生え
「自立心」　「協同性」

> 9月の子どもの姿を書く

> 子どもの姿からの目標を書く

> 「10の姿」にあてはめる

> 目標に対する援助・配慮を書く

9月末

❷ ビフォー・アフター表を 月案に反映させる

9月の〈ビフォー・アフター表〉の「現在の子どもの姿(before)」を、10月の月案の「前月の子どもの姿」に反映させます。同様に、「目標＝(after)」は月案の「目標(内容)」になります。ビフォー・アフター表の「10の姿」も、「前月の子どもの姿」の中に入れていきます。

Close-up！

▼ ビフォー・アフター表（9月）

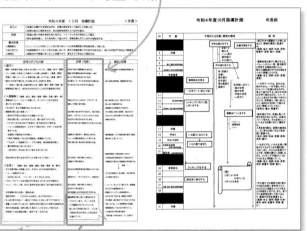

▼ 月案（ビフォー・アフター表型）（10月）

Close-up！

現在の子どもの姿(before)	目 標 (after)
〈遊び〉 ・体を動かす楽しさを十分に味わう。 ・リレー → 競争。走る楽しさを感じ、繰り返した。 ・細かいものを丁寧に作る → 友達と一緒に！ ・障害物走に向け、自分たちで考えて作る。 〈人間関係〉 ・チームワークの大切さ、みんなで〝を意識！ ・運動会の話し合いから… ・「自分たちのこと」を「自分たちで」 　考えようとする姿 ・友達同士で許し合う姿 ・プラス思考：自己肯定感が高い！ ・一人一人の個性を知る。良さとして見る →その後の園外保育情報の話…◎ ・気心が知れすぎてふざけ合うことが 　　　　多くなってきた… 〈生活〉	→ 今後を室内外で色々な運動遊びに親しむ。 　運動に苦手意識のある子も一緒に楽しもう！ → 自分たちのイメージしたものを 　色々な素材を使って工夫しながら作り進める。 ・友達とやりとりしながら 　〝クラスで〟を意識して活動かに取り組む。 ・自分たちで話し合いを進めて 　いけるようになる。 ・周りの状況・相手の思いに気付く。 ・友達同士で気付き合う。

前月の子どもの姿	目標（内容）
＜遊び＞ ・運動：体を動かす楽しさを十分に味わっていた。【健康・自立・協同】 ・リレーを通して走ることや競うことの楽しさを感じ、【道徳・思考】 　友達と一緒にリレーごっこを繰り返し楽しんでいる。【言葉・豊か】 ・細かいものを丁寧に作ったり描いたりした遊びに利用。 　→　友達と一緒に楽しむ姿が見られる【協同・豊か・思考・言葉・数】 ・障害物走に向けて、自分たちのやりたいことだから意欲的に作る。 **＜人間関係＞**【健康・自立・協同・道徳・思考・言葉・豊か・数】 ・運動会のリレー、バルーンを通して、チームワークの大切さを 　感じていた子が多い。 ・〝みんなで〟をより意識するようになった。 ・運動会の話し合いを通して・・・	・室内外で色々な運動遊びに親しむ。 ・運動に苦手意識のある子も友達と一緒に 　楽しんで取り組めるようになる。 ・自分達のイメージしたものを色々な素材を 　使いながら工夫しながら作り進める。 ・友達とやりとりしながら〝クラスで〟を 　意識して活動に取り組む。 ・自分の思いを出すだけではなく、周りの思い

10の姿

❸ 月案を週案に反映させる

月案を作成したら、より具体的な保育内容や援助・配慮を考えて、週案を作成します。月案で、現在の子どもの姿をしっかりと捉えておくことで、週案が立てやすくなります。

10月1〜4週目・毎日

❹ 週案は毎日振り返り、変更点は赤字で記入する

子どもの様子や天候で活動内容は変化します。変更があった場合は赤字で記入することで、担任以外の保育者がクラスに入った際にもわかりやすく、保護者への伝達事項があった場合の対応にも役立ちます。（週案の詳細はP.38）

10月末

❺ 週案での活動を受けて、月案に新しい項目を赤字で入れ、11月の月案を作成する

11月の月案の「前月の子どもの姿」「目標（内容）」「援助、配慮」部分は、10月の月案からの変更点のみを赤字で記入します。赤字で示された箇所から、子どもの変化・成長の様子がひと目でわかり、計画がつながっていることもわかります。

▼週案

（手書きの週案表）

Close-up！

	10/17 (月)	10/18 (火)
ねらい	ドッヂボールのルールを知ろう	友達とやりとりしながら同じイメージの中で遊ぶ楽しさを感じる
準備物	10:15 〜 体操	いもほり 雨のため明日に延期

子どもの姿や体調、天候などを見て柔軟に変更することで、生き生きとした活動が生まれます。

▼11月の月案（ビフォー・アフター表型）

（月案表）

	〈10月〉	〈11月〉	
	前月の子どもの姿	目標（内容）	援助、配慮
継続する点	**〈遊び〉** ● リレーを通して走ることや競うことの楽しさを感じ、【道徳・思考】 　友達と一緒にリレーごっこを繰り返し楽しんでいる。【言葉・豊か】 ⟹　リレーやおにごっこ、ドッヂボールなど	・室内外で色々な運動遊びに親しむ。 ・運動に苦手意識のある子も友達と一緒に 　楽しんで取り組めるようになる。	・室内外で体を動かせる環境を用意する。
変更点	● 集団遊びを大人数で楽しむ♪ 　（自分たちでルールの確認＋新たなルールを考える） ・細かいものを丁寧に作ったり描いたりした遊びに利用。 　友達と一緒に楽しむ姿が見られる【協同・豊か・思考・言葉・数】 ⟹ イメージを形にするために、図鑑や実物を見ながら、 　丁寧にじっくり細かいところまで再現しようとする 　→ 集中力が高まっている！	・友達とやりとりしながら "クラスで" を 　意識して活動に取り組む。 ・自分達のイメージしたものを色々な素材を 　使いながら工夫しながら作り進める。	・色々な素材を準備、環境設定をする。

Close-up！

他の計画との連動

週案

「ねらい」や「主な活動」は学年ごと、具体的な活動はクラスごとに作成

学年ごとの月案に沿って、週の「ねらい」や「主な活動」を学年で作成します。ただ、クラスによって子どもの発達や興味・関心はさまざま。具体的な活動内容は各クラスで考え、週案を作成します。そのため、子どもの様子によって「主な活動」を変更する際は、赤字で記入。また、毎日の振り返りで計画から変更があった場合も赤字で記入します。

▼週案（オモテ）

Close-up!

		10／17（月）	10／18（火）	10／19（水）
学年で作成	ねらい	ドッヂボールのルールを知ろう	友達とやりとりしながら同じイメージの中で遊ぶ楽しさを感じる	交通ルールを守って歩く自分で、自分たちでやるべきことを振る楽しさ、喜びを感じる
	準備物	10:15〜体操	いもほり　雨のため明日に延期	いもほり 年中さんと歩く 園バス 薬品セット
	主な活動			
クラスごとに作成	プログラム	8:30 登園・身辺整理 ・好きなあそび・製作・魚 ・工・ツバメ・水族館 ★一文字アート 9:45 片付け→排池 ・朝の挨拶・名前呼び ・当番・予定 ・シール・荷物の出し入れ 1つ1つ再確認!! →共有 10:10 遊戯室へ 10:15〜10:55 体操 11:00〜好きなあそび 11:45 片付け→排池 給食用意 さつまいも 絵本 13:45 排池・降園用意 延期のため スモック	8:30 登園・身辺整理 ・好きなあそび・工・魚 ・製作・ツバメ・水族館 ★一文字アート 10:30 片付け→排池 9:45 朝の挨拶・名前呼び 当番・予定 →カバンチェック ・シール・服の入れ方 ・荷物の出し入れ →再確認し、全体で共有!! →ゲーム 戸外あそび 11:00〜11:00 11:15 排池・給食用意 戸外あそび→好きなあそび 13:45 排池・降園用意 ・明日はいもほり!! スモック	8:30 登園・身辺整理 ・好きなあそび・工・魚 ・製作・ツバメ・恐竜 ・紙ねんど 机イス 9:40 片付け→集まる ・朝の挨拶・名前呼び ・当番・予定 ★いもほりの話 ・歩き方・振り方 ・長ぐつを持つこと 帽子 水筒 あそび 10:00 排池→並ぶ 10:15 園庭へ （正面の靴） 別紙 いもほり→写真→手洗い 12:15 バス来車（12:00 いと迎え） 12:30 帰園 排池・給食用意 13:35 排池・降園用意 50 スモック・長ぐつ
		・体操→みんなで楽しん	・身の回りのこと→慣れにより	

振り返りの際に、変更点を詳細に赤字で書き入れることで、活動の記録として、次に計画を立てる際の目安になります。

▼週案（ウラ）

週案のウラに、その日の活動を写真入りで書き留める保育者も。写真が入ることで活動の記録としてわかりやすく、エピソードを入れることで個人記録にも活用できます。

年間の振り返り

ひと目でわかるまとめで子どもの成長を振り返る

年度末の3月には全学年で、学年ごとに1年間の振り返りを行います。ねらいや子どもの姿を振り返り、書き出したら、職員が見える場所に貼り、他の学年の保育者とも共有。子どもの発達の過程がひと目でわかり、1年間の成長を感じることができます。

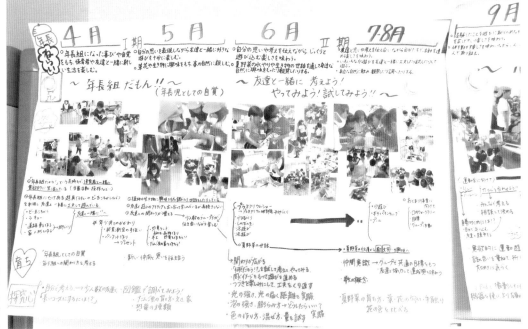

学年の保育者同士で語り合いながら育ちや年間目標を振り返り、文字や写真で「見える化」することで園全体で共有し、保育力向上を目指します。

製作や活動のためのノートを作成する保育者も

製作や活動の準備のためのノート。作り方の手順やポイントをイラスト入りで確認しています。各自が自分なりの方法を工夫しています。

計画作成のポイント

そういえば
この前……

そんな姿が
あったんだね

ポイント

1 振り返りを大切にして、保育者全員で情報共有する

　毎日の振り返り、週の振り返り、月の振り返り、2か月の振り返り、年度末の振り返り……と、保育者同士で振り返りを重ねながら、子どもの姿を語り合う時間を大切にしています。それにより、互いの理解を深め、子どもの姿を共有しながら、子どもの姿を生かした保育を展開できると考えています。

保育者のつぶやき

幼稚園からこども園になったことで、幼稚園部とナーサリー部（0・1・2歳児）で保育者の勤務形態に違いが出てきました。0・1・2歳児の担当は、保育者同士で子どもの姿を語り合う時間がなかなか取れないことがストレスに。また子どもと一緒にいる時間が長いため、気持ちがリセットできないという悩みもできました。交代で休憩を取ったり、午睡時に週に1回学年研修会、月に1回全体研修会を行えるよう時間を調整したりすることで、改善を図っています。

ポイント

2 2か月に1回の〈振り返りワーク〉と、変更点のみの記載で時短を実現

　以前は期ごとに行っていた〈振り返りワーク〉は、子どもの姿が見えやすい2か月に1回に変更し、月案に子どもの姿を反映できるようにしました。翌月の月案は、前月のものに変更点だけを書き加える形にすることで時短も図れ、負担を増やすことなく、子どもの姿ベースで計画を作成できるようになりました。

今の形にしてよかったこと

振り返りや子どもの姿が
月案に反映されるように

　ビフォー・アフター表を作成する際に、ていねいに子どもの姿を話し合うこと、また、毎日の振り返りを週案に直接書き込むことで、子どもの姿が月案に反映されるようになりました。それにより、子どもの姿が生きた計画が立てられるようになったと感じています。

回転ずしごっこでは、木工でおすしのレーンを作成。子どもの今の姿や興味に合わせて、素材の準備や提案ができるので、遊びがどんどん広がります。

子どもについて語り合う時間が増え、
保育を楽しめるようになった

　保育者同士で子どもの姿を語り合う時間はとても有意義で楽しい時間です。保育者からは「もっと語り合う時間がほしい」という声もあり、保育を楽しんでいる様子がうかがえます。子どもの成長を共有し、互いの保育観を語りながら認め合うことで、それぞれが保育者として成長し、園全体の保育力が高められることを期待しています。

これからの課題と展望

保育者一人ひとりが使いやすい
書式を検討中

　前月の振り返りをもとに活動を考えたい、また週案の反省を活動に反映させたい保育者にとっては、月案の右側の「活動計画」の部分はあまり意味がないようです。ただ、例年の活動を目安に計画したい保育者もおり、子どもの年齢や活動量、保育者によっても使いやすさは違うようで、月案の書式は検討中です。それぞれの保育者が子どもの姿を反映しやすい形を考え、ビフォー・アフター表をどう生かすかも各々で試行錯誤しながら、月案を作成しています。

大豆生田先生より

mame's eye

ていねいな振り返りで
中長期を見通した計画に

　こちらの園の第一のポイントは、2か月に1回子どもの姿を押さえ、次への展望を語り合う仕組みがあることです。ビフォー・アフター表があることで、中長期の子どもの姿から保育を見直したり、見通したりすることが可能になります。だからこそ、年間の子どもの姿の成長を可視化することもできているのだと思います。第二のポイントは、月案から週案に反映されるだけではなく、毎日、振り返りがていねいに行われ、修正され、新たに週案が更新されていくという点です。単に月案や週案をおろしていくのではなく、毎日の振り返りや職員の対話や共有を大事にしているところが素晴らしいです。

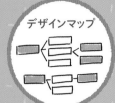

デザインマップ

付箋を使った記録から計画へ
デザインマップ型週案

（4歳児）

社会福祉法人鐘の鳴る丘友の会
認定こども園さくら（栃木県・栃木市）
園長：堀 昌浩　主幹保育教諭：関口友香理

「自調自考」を目標に
子どもを主体とした保育を

認定こども園さくらは、0・1・2歳児には「育児担当制」を、3・4・5歳児には「担任制」を導入しています。特に3・4・5歳児には、「自調自考」できる保育を目標に、子どもたちと保育者が協働して興味をもって取り組めるよう援助しています。子どもたちが自ら調べ、自らチャレンジできる環境を整え、提供していくことが保育者の重要な役割と考えます。例えば4歳児は、絵本や図鑑、クラスに1台あるタブレットを使い、興味のある事柄について自分たちで調べています。一人の子が以前読んでおもしろかったケーキの絵本を探したところ、園にはないことを知り、タブレットで検索。保育者に購入してもらいました。そこからクラスの子どもたちがケーキ作りに興味をもち、さまざまな活動に発展していきました。子どもの思いを受けとめ、どのように発展できるかを保育者は考えています。

自由に絵本が読めるスペース「リブロの丘」。人工芝が敷き詰められた丘には、2段にわたってたくさんの絵本が並びます。

廊下にある製作スペース。オープンな場所で、作りたいときにいつでも製作を楽しめます。

園情報

認定こども園さくら

園 児	255名（0歳児10名、1歳児5名、2歳児49名、3歳児66名、4歳児58名、5歳児67名）
保育者	園長1名、主幹保育教諭2名、保育教諭36名（0歳児5名、1歳児2名、2歳児11名、3歳児6名、4歳児4名、5歳児4名、支援4名）

指導計画見直しのストーリー

見通しが困難な計画に意味はあるのか? という疑問

子どもの姿や興味は日々変化するため、1か月先のことを予測して計画を立てるのは難しい作業です。天候なども想定して立てなければならず、実際に活動する際にはすでに子どもの姿とかけ離れてしまっていることも多々ありました。このように見通しが困難な計画を立てることに意味はあるのか、という疑問をもっていました。

以前の指導計画

週案

形式だけの変更ではうまくいかなかったため、構造改革から検討

一度デザインマップを取り入れてみたものの、すぐにはうまくいかなかったことがありました。それは、一斉保育で過ごしてきた子どもたちが、自分で考えて動く、好きな遊びを選んで遊ぶ、ということに慣れておらず、子どもの好奇心から出る「つぶやき」が感じられなかったためです。子ども主体の保育へと切り替えるには、0歳児からの積み重ねが必要と感じ、0歳児を担当制にして、子ども主体の保育に取り組み始めました。そして改めてデザインマップを全クラスに順次取り入れていったため、以前の形式の指導計画とデザインマップが混在する期間もありました。過渡期の時間も楽しんで、歩みを止めないことが重要だと考えます。(園長:堀先生)

「子どもの姿に基づいた計画をいかに効率的に作成するか」を考えた結果……

これが私たちの指導計画です! (概要)

▼週案(デザインマップ型)

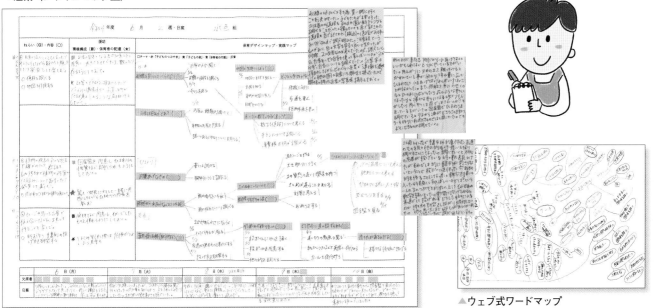

▲ウェブ式ワードマップ

3·4·5 歳児

環境マップ型

デザインマップ型(週案)

0·1·2 歳児

マインドマップ型

保育ウェブ型

記録／個別計画

次ページから徹底紹介!

徹底紹介！ デザインマップ型週案

最初に書く
「子どものつぶやき」「子どもの姿」を付箋に書いて貼る

「子どものつぶやき」「子どもの姿」をもとに、主な活動ごとに「ねらい」「内容」を記入する

活動の「内容」をもとに、その活動に必要な「環境構成」や「保育者の配慮」を記入する

付箋の色は……

ピンク…興味や発見から出た「子どものつぶやき」
黄色……予測される「子どもの姿」
青色……「保育者の行動・反省」

ピンクの付箋1枚につき、黄色の付箋は2枚以上つなげるよう意識し、複数の姿を予測し、活動を提案できるようにする。

10の姿に対応した数字を記入

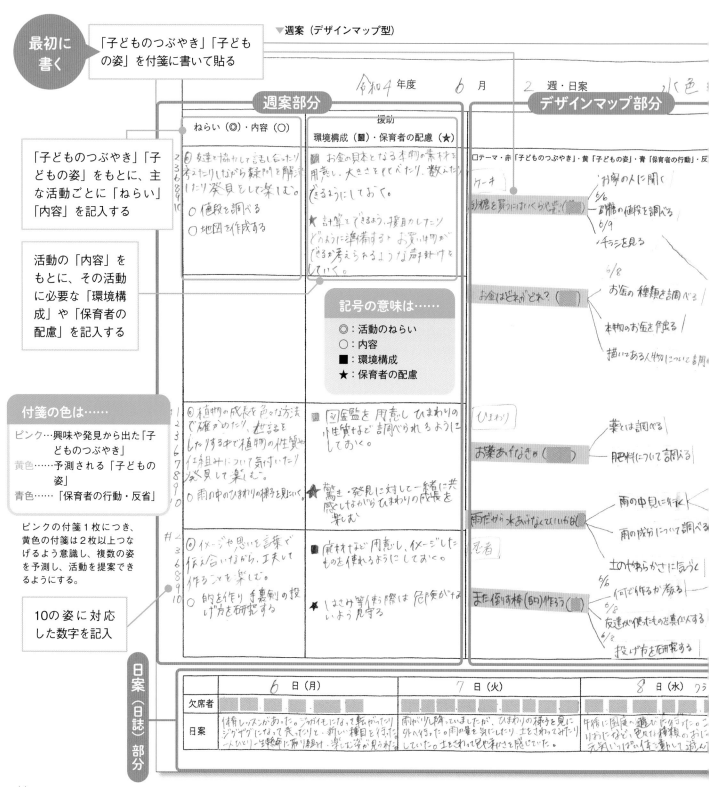

▼週案（デザインマップ型）

令和 4 年度　　6 月　　2 週・日案

週案部分

ねらい（◎）・内容（○）	援助 環境構成（■）・保育者の配慮（★）
◎ 友達と協力して話し合ったり考えたりしながら疑問を解消したり楽員をして楽しむ。 ○ 値段を調べる ○ 地図を作成する	■ お金の見本となる本物の素材を用意し、大きさを比べたり、数えたりできるようにしておく。 ★ 計算をできるよう、援助カレンダーどのように準備すると、お買い物ができるか考えられるような声掛けをしていく。
◎ 植物の成長を色々な方法で確かめたり、世話をしたりする中で植物の性質や仕組みについて気付いたり発見して楽しむ。 ○ 雨の中のひまわりの様子を見にいく。	■ 図鑑を用意しひまわりの性質など調べられるようにしておく。 ★ 驚き・発見に対して一緒に共感しながらひまわりの成長を楽しむ
◎ イメージや思いを言葉で伝え合いながら、工夫して作ることを楽しむ。 ○ 的を作り手裏剣の投げ方を研究する	■ 廃材など用意し、イメージしたものを使えるようにしておく。 ★ はさみ等使う際は危険がないよう見守る

記号の意味は……
◎：活動のねらい
○：内容
■：環境構成
★：保育者の配慮

デザインマップ部分

□テーマ・赤「子どものつぶやき」・黄「子どもの姿」・青「保育者の行動・反」

ケーキ
砂糖を買うにはいくら必要？（　）
- お家の人に聞く
  6/6
- 砂糖の値段を調べる
  6/9
- チラシを見る

6/8
お金はどれがどれ？（　）
- お金の種類を調べる
- 本物のお金を使える
- 描いてある人物について調べ

ひまわり
お薬あげなきゃ（　）
- 薬とは調べる
- 肥料について調べる
- 雨の中見に行く
- 雨の成分について調べる
雨だから水あげなくていいね（　）
- 土のやわらかさに気づく
  6/6
忍者
また倒す棒（的）作ろう（　）
- 何で作るか考える
  6/8
- 友達が使ったものを真似する
  6/8
- 投げ方を研究する

日案（日誌）部分

	6 日（月）	7 日（火）	8 日（水）
欠席者			
日案	体育レッスンがあった。ジャガイモになって転がったりジグザグになって走ったりと、新しい種目を持た一人ひとりが真剣に取り組み、楽しむ姿が見られ	雨が少降っていましたが、ひまわりの様子を見に外へ行った。雨の量を気にしたり土をさわってみたりしていた。土をさわって色々な重さを感じていた。	午前に園庭へ遊びに行った。りおりなど、色々な種類のおに元気いっぱい体を動かして遊ん

ここが特徴！

広いスペースに、思考や活動のつながりが見えるようにつなげていく〈デザインマップ〉と呼ばれる書き方をしています。まず「子どものつぶやき」を書きとめ、そこから予測される「子どもの姿」を出し合い、つなげていきます。日々の変化を捉えて、活動につなげやすいのが特徴です。

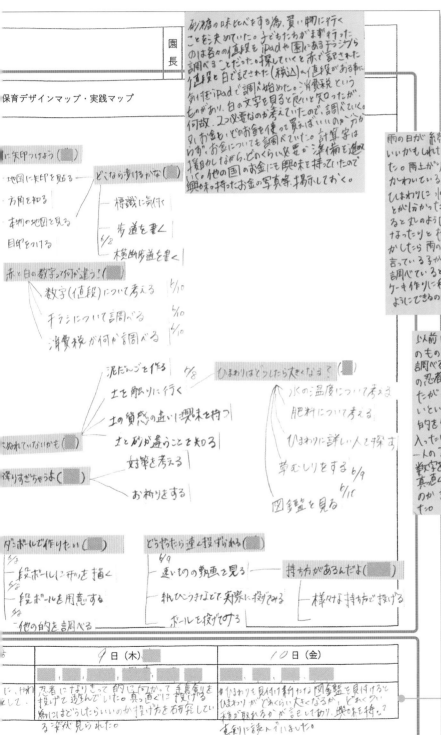

付箋を使う理由は……

一人ひとりの保育者の気づきを集めたり、追加したりしやすいため。

振り返り・反省は……

大きな付箋に、その週に行った活動ごとの振り返り、反省を書く。翌週も継続して行われる活動の場合は、この振り返りが翌週のねらい、内容につながっていく。

計画としての日案は週案部分に組み込まれているため、この「日案」の枠には、その日の振り返りを記入。日誌的な役割になる

週の計画の作り方〜1週間の流れ

（デザインマップ型週案・6月第2週の計画作成の例）

月	週	曜日	ミーティングなど	参加者	計画作成の流れ
6月	1週	木	活動	担任全員	
		金	週の振り返り・翌週の週案作成	リーダー	① 「子どものつぶやき」を拾って翌週の「子どもの姿」を予測し、ねらいや内容、援助を作成する
		土			
	2週	月	活動	担任全員	② 活動から生まれたつぶやきを付箋でつなげる
		火			③ 日案（日誌）部分は当日のクラス全体の様子を、記録として記入する
		水			④ 「つぶやき→予測→活動」を繰り返し、活動をつなげていく
		木			
		金	週の振り返り・翌週の週案作成	リーダー	⑤ 毎日の振り返りと金曜日の反省が、翌週の週案に生かされる
		土			
	3週	月	活動	担任全員	● 1週目と同様に、「つぶやき→予測→活動」を繰り返し、活動をつなげていく
		火			

週の計画はこんなふうに作ります

6月1週末

❶「子どものつぶやき」を拾って
翌週の「子どもの姿」を予測し、
ねらいや内容、援助を作成する

日々の子どもの様子を観察し、気づきや発見、疑問など、「子どものつぶやき」を拾います。自由遊びのなかでも、保育者は子どもの姿を逃さずに捉えることが重要です。

▼週案（デザインマップ型）

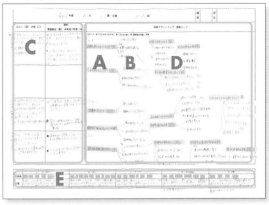

□テーマ・赤「子どものつぶやき」・黄「子どもの姿」・青「保育者の行動」・反省

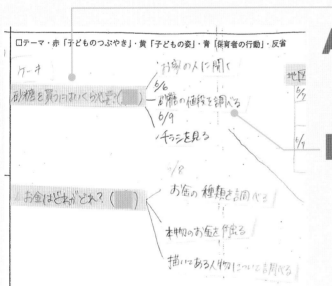

A 「子どものつぶやき」を
ピンクの付箋に書いて貼る

興味や発見から出た「子どものつぶやき」がその週の活動のテーマになります。

B 予測される「子どもの姿」を
黄色の付箋に書いて貼る

つぶやきから予測される「子どもの姿」を黄色の付箋に書き、ピンクの付箋につなげます。その際、1つのつぶやきから複数の姿を予測することで、活動の幅を広げたり、子どもが自由に選択したりできるようにします。

お金を使って
買うんだね

C ねらいや内容、
必要な援助を書く

予測される「子どもの姿」から、どのようなねらいをもって保育するかを書きます。またその際に必要な環境構成や配慮などを記入します。

ねらい（◎）・内容（○）	援助 環境構成（▣）・保育者の配慮（★）

ケーキ作りに興味をもち、調べていくうちに、材料やそれを買うためのお金についても興味が出てきました。

❷活動から生まれたつぶやきを付箋でつなげる

実際に活動して、そこから生まれた「子どものつぶやき」をピンクの付箋に、さらに予測される「子どもの姿」を黄色の付箋に書き、つなげて貼っていきます。これが翌日の計画（日案）としての役割になります。

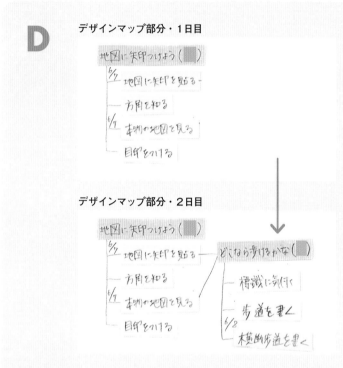

D

デザインマップ部分・1日目

デザインマップ部分・2日目

興味をもったことを次々につなげていくことで、子どもの興味も活動もどんどん広がります。子どもを主体とした保育だからこその広がりです。

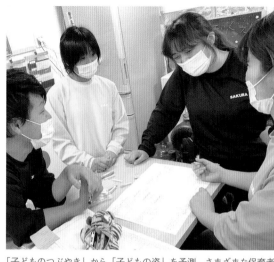

「子どものつぶやき」から「子どもの姿」を予測。さまざまな保育者の視点が入ると子どもの活動の幅が広がるため、日々職員室にみんなが集まり、話し合いが生まれます。

園周辺の地図を調べて書き写し、オリジナルの地図を作ります。「自調自考」を実践する子どもたちです。

❸日案（日誌）部分は当日のクラス全体の様子を記録として記入する

日案の枠は日誌として使用。デザインマップ部分の「黄色の付箋＝予測される子どもの姿」が翌日の日案になるため、日案（日誌）部分には、その日のクラス全体の振り返りを記録します。

E

6 日（月）				
欠席者				
日案	体育レッスンがあった。ジャガイモになって転がったりジグザグになって走ったりと、新しい種目を行った。一人ひとり一生懸命に取り組み、楽しむ姿が見られた。			

6月2週・3〜4日目

④ 「つぶやき→予測→活動」を繰り返し、活動をつなげていく

デザインマップ部分で、生活や遊びのなかで生まれた「子どものつぶやき」から、どのようなことに興味が動くのかを予測し、それを活動へとつなげていくことを繰り返します。形を変えながらずっとつながっていくものもあれば、一度子どもの興味が冷めて消えてしまっても、数週間してからまた復活するものもあります。

Close-up !

デザインマップ部分・4日目

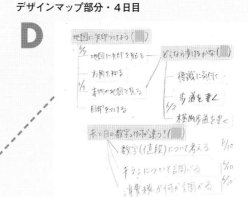

日を置いて興味が出てくることもあります。子どものつぶやきを逃さずに捉え、どのような活動につなげていくかがポイントとなります。

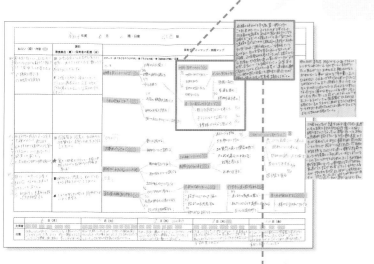

Close-up !

活動の振り返りは大きな付箋に書くことでわかりやすく

クラス全体についての毎日の振り返りは日案部分に書き、活動の振り返りは詳細を大きな付箋に、と分けて書くことで、活動での子どもの様子を捉えることや振り返りがしやすくなり、翌週の活動へとつなげやすくなります。

6月2週・5日目

⑤ 毎日の振り返りと金曜日の反省が、翌週の週案に生かされる

活動の当日の振り返りが翌日の日案になり、それがつながっていくことで、週の最後の振り返りが翌週はじめの週案になります。変化していく子どもの様子をその都度捉えながら、週案も週のなかで変化していきます。

他の計画との連動

ウェブ式ワードマップ

クラスの垣根を越えて話し合い、活動の幅を広げる

くもの巣のように項目をつなげていく〈ウェブ〉の技法を生かして、中心となるキーワードから言葉を自由につなげる〈ワードマップ〉を作成し、「活動のヒント」を集めます。それをもとに、デザインマップ部分の黄色の付箋を作っていきます。言葉がたくさんつながることで、さまざまな子どもの姿を予測できるため、クラスの垣根を越えて広く意見を出し合うようにしています。

▼8月のウェブ式ワードマップ

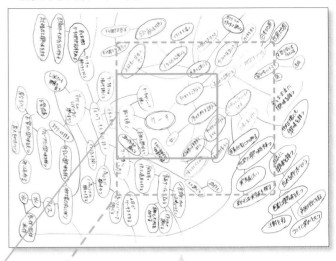

Close-up！

最初のキーワードは「ケーキ」。そこから連想される言葉を出し合い、広げていきます。「活動のヒント」となるものを赤で囲みます。

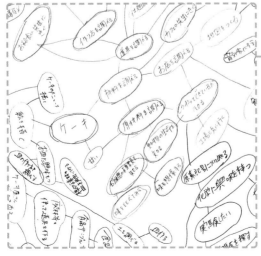

さまざまな保育者の多様な視点が入ることで、「活動のヒント」が生まれます。そのため、〈ワードマップ〉を作成する際は職員室にみんなで集まって行い、積極的に意見を出しながら、言葉をつなげていきます。担任ではないからこその気楽さからか、意見が出やすく、さまざまなアイデアが飛び交う楽しい時間です。

「ケーキ」というキーワードからは、はじめは「甘い」などのイメージが出され、そこから「材料を調べる」「動物の生命を知る」などの具体的な活動へと広がっていきました。

ドキュメンテーション

タブレットで作成して時短に

毎日の活動はドキュメンテーションを掲示して保護者に知らせます。ドキュメンテーションはタブレットで作成して印刷し、保護者との情報共有アプリにもアップします。タブレットなら写真の取り込みや文字入力も簡単にできるため時短や作業の効率化が図れ、また写真で子どもの姿をイメージしやすいことで保護者にも好評です。

▼ドキュメンテーション

水色組　5月12日
恐竜の家
#3協同性
#6思考力の芽生え
#10豊かな感性と表現

恐竜の家作りからいつの間にか二階建ての家にシフトチェンジをして
自分達の家作りが始まり三角をたくさん作り、数ぶんができると
あらかじめ作っておいた段ボールの中に詰めて土台作りが始まりました。
全部中に入ると移動させようとなり動かしたら三角の部分が全部
落ちてしまい、蓋をしなくてはいけないという事に気づきました。
部屋にある段ボールだと大きさが小さいという事で
マルシェに段ボールを探しに行き蓋探しを行っていました。
作る中で色々考え、話し合いながら作る姿が見られるようになってきました。

ドキュメンテーションはスマートフォンからでも閲覧可能。お迎えに来る途中で読む保護者も。

ドキュメンテーションはクラスごとにメインの活動を毎日掲示。とじたものはそのまま活動の記録になります。

タブレットはクラスに1台支給。保育者は他クラスのドキュメンテーションを見ることもでき、情報の共有や書類の作成にも使用しています。

連絡帳

ICT を活用することで、負担を軽減

紙の連絡帳は廃止し、スマートフォンやタブレットで使える連絡帳アプリを導入しています。保護者も保育者も空いた時間に入力や確認ができ、互いの負担を軽減できます。ICT化することで、1つの記録を連絡帳にも、ドキュメンテーションにも、個人記録にも使えるようになりました。書類作成の負担を減らすことで、その分子どもに向き合う時間を増やしていくよう努めています。

保護者によっては、育児記録として詳しく書く人、連絡事項だけ記入する人など、文章量はさまざま。スタンプでその日の様子を知らせる保護者もいます。

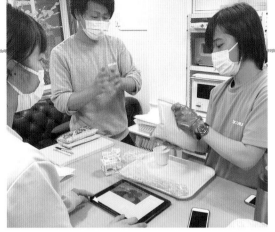

まとめ

計画作成のポイント

ポイント

1 職員室に集まれる環境から
アイデアが生まれる

　職員室を、保育者同士が語れる場にしたいと考え、集まりやすい空間になるよう工夫。スイーツを用意して職員室に食べに来るよう誘うなどしながら、話しやすい雰囲気をつくっています。わいわいとしたなかで出てきた子どもの姿を共有し、違った視点から見た子どもの様子を知って驚くなど、保育者の多様性のなかから生まれる意見やアイデアを大切にしています。

ポイント

3 子ども主体の保育であると
同時に保育者も主体的に

　子ども主体の保育では、保育者が子どものつぶやきを拾い上げ、環境を整えていくことが必要になります。子どもが主体であるためには、保育者も主体である「共主体」が重要です。保育者一人ひとりが主体的に考え、行動できるようになることで、子どものつぶやきが見えやすくなり、活動への広がりも生まれます。そのため、若手・中堅の保育者をクラスリーダーや主任に抜てきし、玩具の購入など決定権をもって保育を行っています。園内研修で思いを伝え合うことで学びを深めながら、全職員で協力して保育を行う体制を整えています。

教材研究でも、保育者同士で意見を出し合い、より子どもの興味に沿った活動を提案できるようにします。

ポイント

2 書類業務のICT化で
子ども理解の時間を増やす

　保育における書類は年々増えていると感じています。子どものため、保護者のためと考え、作成している書類が保育者の負担になり、結果的に子どもに向き合う時間が少なくなっていたのです。そのため、ICTを導入し効率化を図ることで、当園の事務量は、調査によると導入前より46％減少させることができました。その時間を、保育や計画作成の基盤となる子どもの姿を語り合う時間に充てています。

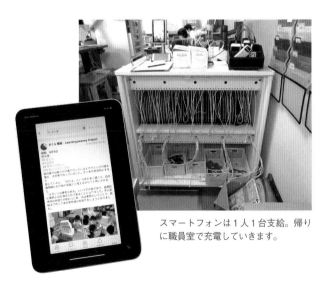

スマートフォンは1人1台支給。帰りに職員室で充電していきます。

今の形にしてよかったこと

いろいろな
たまごを
作ったよ！

興味をもったこと
にどんどんチャレン
ジ！ 発見の喜びや
達成感が、次の興味
へとつながります。

週案をメインにすることで
子どもの姿に柔軟に対応できる

子どものつぶやきをもとに毎週計画を作成する
ため、子どもの姿とのずれがなく、予測を立てや
すいと感じています。また、毎日付箋を貼り足し
て更新していくことで計画がつながり、子どもの
成長を、1年を通した流れで感じることができま
す。

デザインマップ型の導入で
子どもの姿を話す機会も増えた

ICT化によって事務量が格段に減り、子どもの
姿を語り合う時間が増えたことに加えて、2クラ
スずつで保育者が協力し合い、保育を抜ける時間
（ノンコンタクトタイム）を設けています。その時
間の半分は子どもの姿を語り合い、半分はデザイ
ンマップを作成するなど、効率もよくなり、保育
の質も上がったと感じています。

これからの課題と展望

「子どもの姿」についても
さまざまな意見が出せるように

〈デザインマップ型週案〉や〈ウェブ式ワードマッ
プ〉を作成する際、職員室でさまざまな保育者の
意見を聞きながら行うようにしています。ただ、
計画に直接関わる、デザインマップの「子どもの
姿」（黄色の付箋）の予測が出にくいのが課題です。
なるべくさまざまな視点から意見が出せるように、
子どもの年齢に関わらず、他のクラスの保育者に
も積極的に声をかけ、巻き込んでいきたいと思っ
ています。

大豆生田先生より

mame's eye

子どもの姿と職員同士の
対話から生まれる計画

こちらの園の第一のポイントは、デザインマッ
プの活用で、「子どものつぶやき」から明日の「予
想」や「活動」（内容）を生み出していることです。
まさに、毎日の子どもの姿から明日の計画が生
み出されていますね。第二には、付箋を利用す
ることで、「手作り感」が生まれることです。そ
れにより、他の職員との対話も生まれやすくな
りますね。計画は子どもの姿と職員との対話か
ら生まれるものだということがわかります。第
三には、ICTとも連動しているところです。ど
こを手書きで行い、どこをICT化していくのか。
今後、ますます大きなテーマになると思います。

デザインマップ

子どもの姿と計画がひと目で見られる
デザインマップ型月案

（3歳児）

社会福祉法人慈照福祉会 幼保連携型認定こども園
もりやまこども園（長崎県・諫早市）
園長：徳田周吾　主幹保育教諭：中村美咲

保育者・保護者・地域がチームとなり、子どもと育ち合う

　自然豊かな場所にある、もりやまこども園。園舎の近くには山や沢があり、散歩や遠足などでよく足を運んでは、自然とのふれあいを楽しんでいます。子どもが主体的に自分で考え、自分で行動できるよう、保育者は環境を通して子どもに働きかけるようにしています。特徴的なのは、保育者が5つのチームに分かれて行う「チーム保育」。保育者の興味に応じて「食育」「自然・科学」「絵本」「運動・レクリエーション」「アート・音楽」に分かれ、それぞれの活動を企画して行います。互いに協力し合い、「一人じゃない」「一人でしなくてもいい」と保育者自身も楽しみながら保育を行っています。

「自然・科学」のチーム保育では、トイレットペーパーとティッシュペーパーを水に溶かして比べる実験をしました。子どもの興味が広がる活動を企画しています。

自然との関わりのなかで、発見や感動、不思議に思う気持ちを大切に、さまざまなものへの好奇心を育んでいます。

園情報

もりやまこども園

園児　111名（0歳児12名、1歳児16名、2歳児17名、3歳児18名、4歳児23名、5歳児25名）

保育者　園長1名、副園長兼看護師1名、保育教諭16名（0歳児4名、1歳児3名、2歳児3名、3歳児1名、4歳児1名、5歳児1名、特別支援3名）、子育て支援員3名

指導計画見直しのストーリー

一斉保育中心から、子ども主体の保育へ転換

2010年に公立保育所の民間移管で開設された当初は、一斉保育が中心でした。創設60年を超える姉妹園（ふたばこども園）も、かつてはマーチングなどの音楽活動が特色の一斉保育の園でしたが、環境を通じた保育、チーム保育、異年齢保育に取り組み、子ども主体の保育へと時間をかけて変えていきました。当園でもその経験を踏まえた取り組みや、「目指すこども像」「保育理念」についてみんなで話し合うワークショップ、他園の視察などの研修を企画し、"たのしくまなぶ"ことを繰り返していきました。また、公開保育や実践発表の機会をたくさんいただいたことも、保育を前に進める原動力となりました。保育が変わると旧来の様式ではPDCAのサイクルがつくりづらくなってきたため、そこから指導計画についても見直すことを考え始めました。（園長：徳田先生）

以前の指導計画

月案　　　　週案

ミーティングは保育者の動きの確認が多く、子どもの姿を話せていなかった

ミーティングは行っていたものの、保育者の動きの確認で終わってしまうことが多く、子どもの姿を話せていないと感じていました。子どもが今なにに興味をもっているかを話し合うことで、どのような援助が必要か、そのためにはどのように環境を整えればよいかを共有し、子どもの姿が見えるよう、指導計画そのものを見直すことにしました。（主幹保育教諭：中村先生）

「ミーティングを生かし、子どもの姿を共有できるように」を考えた結果……

これが私たちの指導計画です！（概要）

▼ 月案（デザインマップ型）　　　　　　　　　　　　　　　　　　　　　▼ 週案

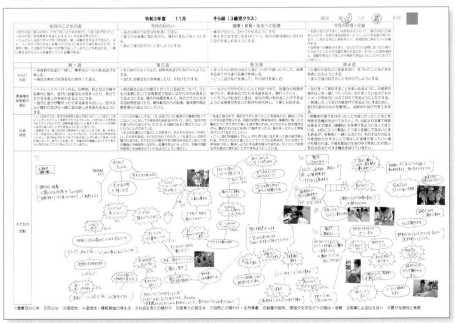

次ページから徹底紹介！

徹底紹介！ デザインマップ型月案

ここが特徴！

ねらいや環境構成などの〈計画部分〉と、子どもの姿や活動の広がりがわかる〈デザインマップ部分〉を1つにした月案です。デザインマップの内容から、その週の「反省・評価」が生まれ、翌週の「ねらい・内容」とすり合わせて活動につなげていきます。常に子どもの姿と連動して計画ができることが特徴です。

最初に書く

前月末の子どもの様子を書く
前月の振り返りが反映される

▼ 月案（デザインマップ型）

令和3年度　　11月

先月のこどもの姿	今月のねらい
・他児の姿に関心を持ち、戸外で思い切り体を動かして遊ぶ姿が見られた。 ・自分の思いを保育者や友達に伝えようとする姿が見られた。 ・だんだんと周囲の木々が色づきはじめ、葉っぱは集めをする子が増えた。また、バッタやコオロギなどを見つけ、互いに見せ合う姿も見られたが、生き物に関しては触り方や扱い方が雑で弱ってしまうこともあるため、一緒に考えながらルールを確認していく必要がある。（A）	・身近な素材で好きな物を通して遊ぶ。 ・園での出来事に関心を持ち、関わりを広く持とうと（B） ・進んで身の回りのことをしようとする。

計画部分

	第1週	第2週
ねらい内容	・保育者や友達と一緒に、簡単なルールのある遊びを楽しむ。 ・身近な素材で好きなものを作って遊ぶ。	・木の実やどんぐりなど、自然物を遊びに取り入れようとする。 ・遊びに必要なものを準備したり、片付けたりする。
環境構成保育者の援助	・トイレットペーパーの芯、自然物、粘土などの様々な素材に触れ、遊びに必要なものを作ったり、見立てたりする楽しさを味わえるようにする。 ・遊びと遊びが繋がったりする姿を大切にし、色々な人と関わりながら一緒に遊ぶ楽しさを味わえるようにする。（C）	・お店屋さんなどの盛り上がっている遊びについて、子ども実態に応じて保育者間で相談しながら次の計画を（）する。場所や時間を考えて、他のクラスと交流する時間を設けたり、異年齢児からの刺激、達成感や満（）感を得られるようにしていく。

振り返り部分

反省評価	・しっぽ取りでは、まずは保育者と数人が鬼になり、しっぽなしで鬼ごっこをしてからしっぽありで行うようにした。1回目はしっぽを取られて泣く子もいたが、回数を重ねるごとに覚えてきたルールを理解しながら楽しむことができ（）てきていた。 ・お散歩では、葉っぱが色づ（）ていることに気づき、葉っぱを拾って「お母さんに見せたい」子もいた。子どもたちの発見や思いに対し、遊びを広げたりつなげてあげることがうまくできず、中途半端になってしまうこともあった。今後は他の職員にもアイデアをもらいながら広げていけるようにしていきたい。（D）	・ハンカチ落としでは、15分ほどたつと飽きたり順番が回ってこないことに対して不満を持ち始める子がいた。また、反対方（）や違う方から追う子もいたが3,4回繰り返すと覚えてスムー（）に行うことができていた。 ・芝山や広場などで遊ぶことが好きで、子どもたちから「行き（）い」との声もある。子どもたちの「やりたい」「行きたい」の声（）聞かれるため、子どもたちの様子やその時の状況などに応じて他（）の職員とも相談をしながら、広場や芝山に行ったり、今後の活（）内容等にも反映させていけるようにしていきたい。

デザインマップ部分

子どもの活動	

①健康な心と体　②自立心　③協同性　④道徳性・模範意識の芽生え　⑤社会生活との関わり　⑥思考力の芽生え

週のねらい・内容を書く

環境構成・保育者の援助を書く

週ごとの振り返りを書く

中心となった活動を書く

デザインマップでは……

中心となる活動から「子どもの姿」や「つぶやき」を拾い、つなげていく。次の活動につながりそうな子どもの発言や、子ども同士の関わりが生まれたと感じたら記載する。

56

デザインマップ部分の吹き出しの形の意味は……

⬭：子どもの姿　🗯：子どものつぶやき

▭：主な活動　[ ]：保育者の援助・関わり

形を変えることで、つながりや展開の様子を視覚的に捉えやすくしています。

評価・反省は……

月の終わりにその月の振り返り、反省を書く。この振り返りが翌月のねらいにつながっていく。

ら組（3歳児クラス）　　園長　主任　担任

健康・食育・安全への配慮	今月の評価・反省
・水が出たら、自分でかめるようにする。 ・生活と安全面に気を付けつつ、個々の興味関心に合わせ□びを楽しめるようにする。	・気温の変化が大きく、体調を崩す子もいた。最近は自分で鼻をかんだり、衣服で体温調節しようとしたりする姿も見られるが、こまめな視診と観察は、体調管理に努めていく必要がある。 ・自然物への興味が大きく、なんだろうと疑問に思ったり調べてみようとしたりする姿も見られるため、そういった姿を受容し、図鑑や本などで探したり検索できるようにしたりと広げていきたい。

第3週	第4週
・作ったものを自分なりに身につけたり飾ったりして、納得□までやり遂げる喜びを感じる。 ・□っこ遊びなどを通して、やり取りを楽しむ。	・5歳児の姿などに刺激を受け、気づいたことなどを保育者に伝えようとする。 ・進んで身の回りのことを自分でしようとする。
・一人ひとりがやりたいことに向かう中で、友達から刺激□たり、興味を広げたりする姿を捉え、関わっていく。 ・□ラブルが起きたときは、他児の思いを知ることができる□に保育者がお互いの気持ちを代弁し、丁寧に対応する。	・なりきって表現することを楽しめるように、小道具や場所などを一緒につくったり、なりきっている子どものイメージを他児に伝えて共有できるようにしたりする。 ・見通しもって遊びの続きができるようにするために、遊びの途中のものを整理し、収納や片付け方を工夫する。
・達と遊ぶ中で、面白そうだと思ったことを尋ねたり、真似してみ□する姿が見られる。周囲の自然に興味を持ち、積極的に触れたり□たりとそれぞれで楽しむ姿が見られる。子どもたちに話を聞きな□、集めたものなどを用いて製作をしたり、展示をしたりして発展□ていけるようにしたい。 ・□っこ遊びを複数人で行って遊び込む姿が見られ、□やりたいものと違ったことでトラブルもあるが、子ども同士で□掛け合い、解決しようとする姿も見られるため、タイミングを見□適切に関わることができるようにしている。	・お集まり等で面白かったことや楽しかったことなどを発表する機会を設けてみたところ、以前より文章で発表出来る子が増え、積極的に手を挙げるようになってきている。人前に立つと緊張してうまく言葉にできないときもあるが、保育者と一緒に伝えたり、その子なりの伝え方を認めたりすることで満足した表情で戻っていく様子も見られる。今後も普段の生活の中で発言したり思いを伝え合えたりする機会を設けていきたい。

新しく始まった活動を書く

前の活動から派生したことを書く

数字は……
活動を10の姿に対応させた数字を入れる。

活動が続いていくときは……
その月のなかで保育がどんどん発展していき、用紙がいっぱいになったら、用紙を継ぎ足してデザインマップ部分を伸ばしていく。継ぎ足す方向は、展開がわかりやすければ、縦でも横でもOK。
→詳細はP.64

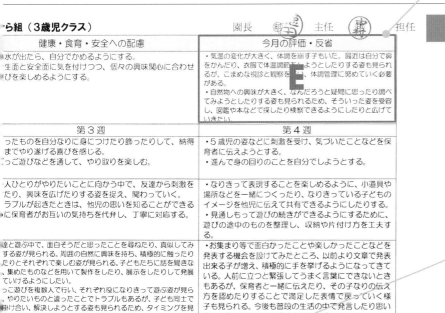

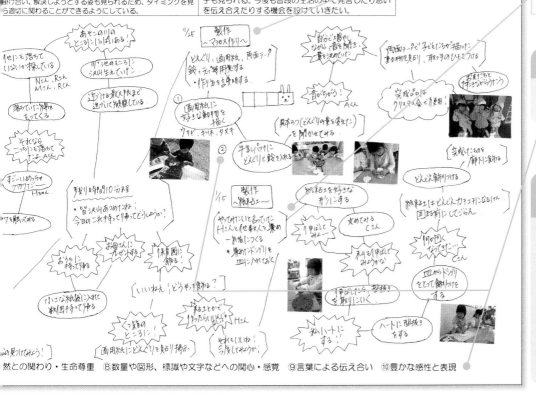

□然との関わり・生命尊重　⑧数量や図形、標識や文字などへの関心・感覚　⑨言葉による伝え合い　⑩豊かな感性と表現

月の計画の作り方〜1か月の流れ

（デザインマップ型月案・11月の計画作成の例）

月	週	曜日	ミーティングなど	参加者	計画作成の流れ
10月	4週	木 金 土	活動・デザインマップの記入 週案ミーティング、全体ミーティング、11月の月案・週案作成	担任／主担任 主担任	① 10月の振り返りをもとに計画をたてる
11月	1週	月 火 水 木 金 土	活動・デザインマップの記入 週案ミーティング、翌週の週案作成	担任／主担任 主担任	② デザインマップ部分に、活動を通して見られた子どもの姿やつぶやきなどを書き、つなげる ③ 1週ごとに振り返り、反省・評価を書く
	2週	月 火 水 木 金 土	活動・デザインマップの記入 週案ミーティング、翌週の週案作成	担任／主担任 主担任	④ デザインマップ部分に、子どもの活動の展開を書き入れ、広げていく ● 1週ごとに振り返り、反省・評価を書く
	3週	月 火 水 木 金 土	活動・デザインマップの記入 週案ミーティング、翌週の週案作成	担任／主担任 主担任	● デザインマップ部分に、子どもの活動の展開を書き入れ、広げていく ● 1週ごとに振り返り、反省・評価を書く
	4週	月 火 水 木 金 土	活動・デザインマップの記入 週案ミーティング、全体ミーティング、12月の月案・週案作成	担任／主担任 主担任	● デザインマップ部分に、子どもの活動の展開を書き入れ、広げていく ⑤ 11月の振り返りを記入し、12月の計画に生かす

ミーティングについて　全体ミーティング…月1回。全クラスの主担任、行事担当、副・主幹保育教諭、園長が参加。
週案ミーティング…週1回。0・1歳児、2歳児、3・4・5歳児の各クラスで行う。(P.62参照)

月の計画はこんなふうに作ります

10月末

❶10月の振り返りを　もとに計画をたてる

10月の振り返りをもとに、11月の計画をたてます。振り返りのなかでしっかりと子どもの姿を捉えることで、現在の子どもの興味・関心が反映された、生きた計画になります。

▼月案（デザインマップ型）の計画部分

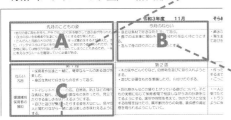

A 「先月のこどもの姿」を書く

先月のこどもの姿
・他児の姿に関心を持ち、戸外で思い切り体を動かして遊ぶ姿が見られた。 ・自分の思いを保育者や友達に伝えようとする姿が見られた。 ・だんだんと周囲の木々が色づき始め、葉っぱ集めをする子が増えた。また、バッタやコオロギなどを見つけて互いに見せ合う姿も見られたが、生き物に関しては触り方や扱い方が雑で弱ってしまうこともあるため、一緒に考えながらルールを確認していく必要がある。

10月末の子どもの様子を記入します。クラス全体での育ちを意識しながら書くようにします。

B 「今月のねらい」を書く

今月のねらい
・身近な素材で好きな物を通して遊ぶ。 ・園での出来事に関心を持ち、関わりを広く持とうとする。 ・進んで身の回りのことをしようとする。

10月末の子どもの姿から、11月末の子どもの姿を予測しながらねらいを記入します。

C 週ごとのねらいや内容、環境構成、援助を書く

	第1週	第
ねらい 内容	・保育者や友達と一緒に、簡単なルールのある遊びを楽しむ。 ・身近な素材で好きなものを作って遊ぶ。	・木の実やどんぐりなど、 する。 ・遊びに必要なものを準備
環境構成 保育者の 援助	・トイレットペーパーの芯、自然物、粘土などの様々な素材に触れ、遊びに必要なものを作ったり、見立てたりする楽しさを味わえるようにする。 ・遊びと遊びが繋がったりする姿を大切にし、色々な人と関わりながら一緒に遊ぶ楽しさを味わえるようにする。	・お店屋さんなどの盛り上 もの実態に応じて保育者[てるようにする。場所や時 する時間を設けたり、異年 感を得られるようにしてい

11月のねらいをもとに、各週のねらいや内容、またその際に必要な環境構成や援助をできるだけ具体的に記入します。第4週まで予測して計画をたてます。

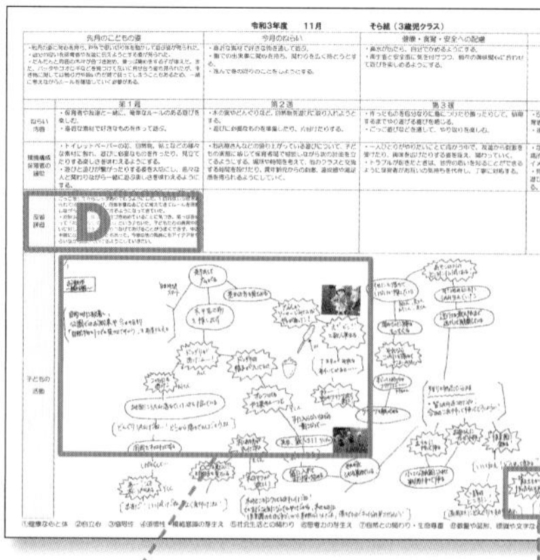

❷ デザインマップ部分に、活動を 通して見られた子どもの姿や つぶやきなどを書き、つなげる

中心となった活動から、そこで見られた「子どもの姿」や「つぶやき」、それに対する「保育者の援助・関わり」をデザインマップに記入し、つなげていきます。活動した日付や撮影した写真を入れると、よりわかりやすくなります。

▼月案（デザインマップ型・1週目）

Close-up！

| 活動の日付 | 中心となる活動 | 子どもの姿 | 活動の写真 | 子どものつぶやき | 保育者の援助・関わり |

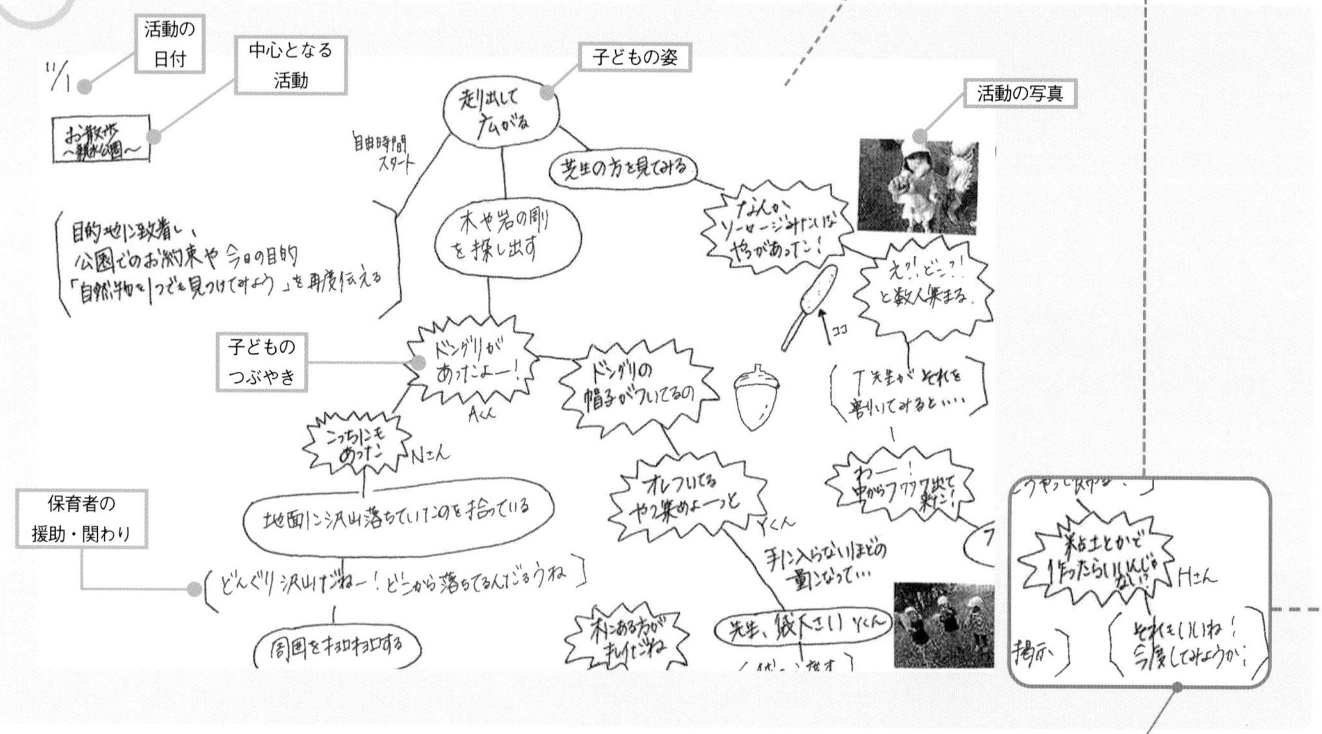

1週目末の子どものつぶやきと保育者の関わり。この部分が2週目以降につながっていきます。

❸ 1週ごとに振り返り、 反省・評価を書く

デザインマップで捉えた子どもの姿や保育者の援助から、その週の反省・評価を書きます。反省といっても、ネガティブなことだけでなく、保育者の援助によってどのような育ちが見られたかを書くようにすると、自分の保育を前向きに捉えられ、子どもを見る視点も前向きになっていきます。

D

反省
評価

・しっぽ取りでは、まずは保育者と数人が鬼になり、しっぽなしで鬼ごっこをしてからしっぽありで行うようにした。1回目はしっぽを取られて泣く子もいたが、回数を重ねるごとに覚えてきてルールを理解しながら楽しむことができるようになってきていた。
・お散歩では、葉っぱが色づき始めていることに気づき、葉っぱを拾って「お母さんに見せたい」という子もいた。子どもたちの発見や思いに対し、遊びを広げたりつなげてあげることがうまくできず、中途半端になってしまうこともあった。今後は他の職員にもアイデアをもらいながら広げていけるようにしていきたい。

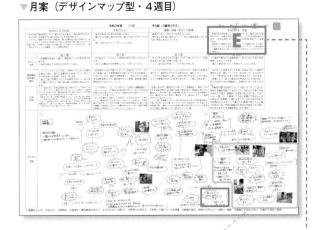

▼月案（デザインマップ型・4週目）

11月2〜4週目

❹デザインマップ部分に、子どもの活動の展開を書き入れ、広げていく

1週目の活動からの展開をつなげていきます。引き続き行われる活動や、別の活動に発展していくものもあり、子どもの姿やつぶやきをつなげていくことで、展開の様子がひと目でわかります。

Close-up！

「10の姿」に対応させた数字 ②

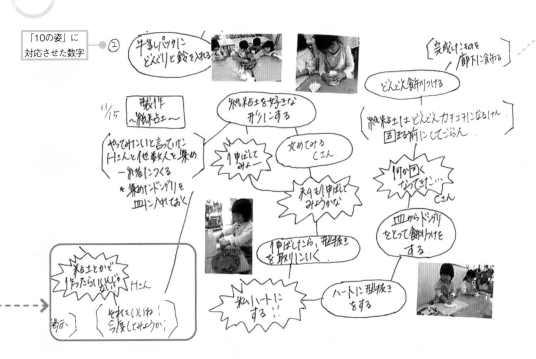

1週目の子どもの姿から、3週目の製作に活動がつながりました。保育者が設定する製作も、子どもの興味を捉えることで、自然な流れでつながります。

11月4週目末

❺11月の振り返りを記入し、12月の計画に生かす

ねらいが達成できたかを目安に、11月の振り返りを記入します。12月の活動につながるポイントを意識しながら書くと、11月の振り返りがそのまま翌月のねらいになります。

E

今月の評価・反省

・気温の変化が大きく、体調を崩す子もいた。最近は自分で鼻をかんだり、衣服で体温調節をしようとしたりする姿も見られるが、こまめな視診と観察を行い、体調管理に努めていく必要がある。
・自然物への興味が大きく、なんだろうと疑問に思ったり調べてみようとしたりする姿も見られるため、そういった姿を受容し、図鑑や本などで探したり検索できるようにしたりと広げていきたい。

他の計画との連動

週案

アプリを使って作成し、全員で共有して記入する

週案は、日ごとの活動に沿って、ねらいや配慮事項を記載するものです。デザインマップの子どもの姿を受け、より具体的な活動計画をたてます。アプリを使って作成し、担任以外の保育者もスマートフォンでいつでも見たり、気づいたことを記入したりすることができ、子どもの姿を共有しやすいことが利点です。

週1回の週案ミーティングで振り返り、次週の計画に生かす

0・1歳児と2歳児、3・4・5歳児に分かれ、各クラスで主担任が企画して行う週案ミーティング。週1回30分以内で、次のような流れで行います。

[週案ミーティングの流れ]
①主担任がクラス担任の意見を聞き、活動内容など話したい項目をまとめる。
②話し合う内容をアプリで共有し、ミーティングに参加しない保育者も意見を記入する。
③週案ミーティングを行う。月案での週のねらいを意識し、子どもの姿を予測しながら週の計画をたてる。
④次週の週案に反映させる。

▼ ミーティング用アプリ画面

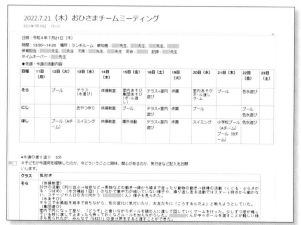

週案ミーティング（3・4・5歳児：おひさまチーム）の事前資料。アプリを使って保育者全員で共有しています。

▼ 週案

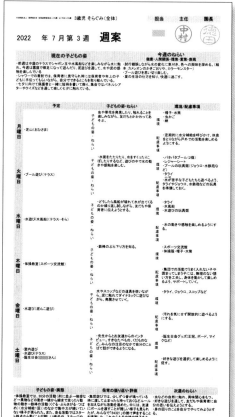

3・4・5歳児のおひさまチーム内で、クラスごとの活動も異年齢での活動も、3クラスで確認・把握。それにより、保育者同士の協力がしやすくなります。

環境シート

チームで環境を見直すことで、園全体の課題として意識する

保育環境は、各クラスで作成する〈環境シート〉をもとに、環境担当のチームが月1回程度視察を行い、改善していきます。〈環境シート〉は、クラスの環境を図で示し、コーナーごとに、子どもの姿や興味のあるもの、伸ばしたいところなどを担任で話し合い、作成します。環境担当チームが気づいたことを記入し、他の保育者も付箋で追記して、共有し改善に生かします。

担任以外の視点が入ることで、クラスにとって新たな気づきが得られるとともに、園の一員として意識しながら環境を見ることができます。

▼環境シート

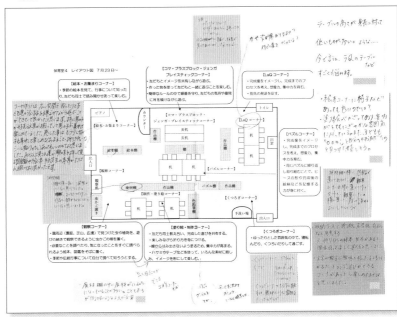

ドキュメンテーション

ICT を活用して配信し、スマホでも見られるように

ドキュメンテーションはタブレットで作成。写真に簡単な説明を入れることで、保護者にも日々の活動をわかりやすく伝えることができます。印刷して掲示するだけでなく、連絡アプリで配信することで、送迎時には時間がなくて見られない保護者も、すき間時間にいつでも園での活動の様子を見ることができるようになりました。また、ファイリングして保護者や来園者が見られるようにしています。連絡帳も同様に、紙ベースのものをなくしてアプリで配信することで、保育者の負担が軽減できています。

ICTでの配信と並行して掲示も継続。掲示することで、子どもも見られるので、親子の会話にもつながります。

▼ドキュメンテーション

まとめ

計画作成のポイント

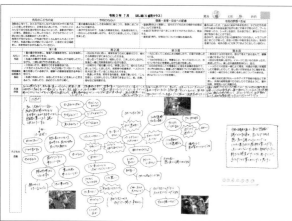

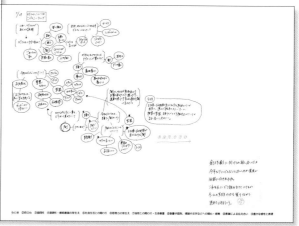

縦・横に伸びたデザインマップ部分。子どもの興味がさまざまな活動となって広がっていく。

ポイント 1

活動が充実してくるとデザインマップが伸びていく

デザインマップは子どもの姿やつぶやきが反映されているため、子どもの興味・関心が広がり活動が充実してくると、1か月分の活動が数枚にわたることも。年度の初めは1枚で収まっていたものが、月を追うごとに2枚、3枚とつぎ足す枚数が増えていきます。

ポイント 2

アプリを使い書類を共有。担任以外も「どこでも」「誰でも」記入できる

週案は書類作成アプリを使うことで、全保育者で共有できるようになりました。子どもの姿や育ちなど、さまざまな気づきを誰でも書き込めて、アイデアや意見を出しやすくなりました。みんなで一緒に計画し、保育をしていると感じています。また、タブレットやスマートフォンで、すき間時間に書き込める手軽さもポイントです。アプリでできるものは活用し、それによってできた時間は、時間をかけたいものに使うようにしています。

64

今の形にしてよかったこと

子どもの姿を捉えやすくなった

　子どもの姿やつぶやきをそのままデザインマップに書き込むため、子どもが今なにに興味をもっているか、どのような心の動きがあったかを意識して観察するようになりました。その結果、子どもの姿を以前より具体的に、詳細に捉えられるようになったと感じます。

タブレットの活用で
書類作成の負担が軽減

　タブレットも活用することで、書類作成にかかる時間が減り、負担が軽減できたと感じます。その分、子どもの姿を話し合って共有したり、活動を計画したりする時間に充てるようにしています。

これからの課題と展望

活動の多様化で
記録の選択が課題に

　近年、子どもの興味・関心の広がりから、異年齢や小グループでの主体的活動が同時並行で進むことが増えてきました。なにをどうピックアップして計画・記録するかが悩みどころです。また、活動の広がりを子どもや保護者とも共有できる掲示方法も工夫中です。

アプリを活用し、より簡易化を模索

　最近はドキュメンテーションを作成する頻度が上がっているので、月案と週案は書類作成アプリで記入し、手書きのデザインマップは簡易にして、組み合わせる方法を模索中。今後も今の子どもたちの姿を捉え、計画・記録が次年度の活動のヒントになることを意識して、試行錯誤していきます。

大豆生田先生より

mame's eye

デザインマップの広がり
で活動の充実を実感

　こちらの園の第一のポイントは、一斉型からの転換として、デザインマップを上手に活用したことです。子どもの活動の充実がデザインマップのワクワクした広がりに連動していることがわかります。第二は、週1回、30分の週案ミーティングです。短い時間で自分たちが今週の子どもの姿を受けて翌週、どのような計画を考えているかを出し合える場はとても大切です。それが、短時間で効率的に行われているのも◎。第三は、ICT活用の可能性です。すでにその成果が大きいことに加え、「これからの課題」にある、「月案と週案に書類作成アプリで記入し、手書きのデザインマップは簡易にして組み合わせる方法を模索中」という、記録と計画の一元化が重要です。

マインドマップ

子どもの姿を「事実」として捉える
マインドマップ型月案

（１・２歳児／異年齢）

株式会社コティ
あそびの保育園 （埼玉県・新座市）
施設長：古山真人　園長：田中愛美

個性を大切に、遊びやアート活動を通して 子どもの好奇心を引き出す

　あそびの保育園では、０・１歳児、１・２歳児の２グループに分け、各グループに担当保育者を２名配置して保育を行っています（秋頃からは０・１・２歳児で保育）。子どもが選んだ遊び、見つけた遊びを思い切りできるよう自由保育を行い、そのなかでも「アート活動」や「泥んこあそび」、「絵本」を大切にしています。子どもが遊びのなかからたくさんの経験をして、好きなことを増やし、毎日が楽しいと感じられるよう、子どもたち自身の「育つ力」を信じて見守ることが、保育者の役割です。一人ひとりの個性を大切にし、可能性を広げていくアート活動は、講師を迎えて月に１回程度設けています。子どもの「触りたい！」「おもしろい！」「やってみたい！」という興味や好奇心を引き出し、遊びを通して想像力や集中力が身につけられるよう援助しています。

遊びながら、絵の具の色や感触、匂いや伸びていく様子を五感で感じます。

ドキュメンテーションや作品は入口や室内に飾り、活動の様子を保護者に伝えます。

絵の具遊びへの興味を引き出すきっかけになるよう、「色」に関する絵本が並びます。

園情報

あそびの保育園

園 児	12名（0歳児3名、1歳児5名、2歳児4名）
保育者	園長1名、保育士4〜5名（9月頃まで0・1歳児2名、1・2歳児2名、フリー1名）

指導計画見直しのストーリー

以前の指導計画

保育とかみ合わない書類を作成することへの疑問

今までの一般的な書式の月案では活動中心の計画になってしまい、日々変化する子どもの姿を必ずしも反映できていないのでは、と思っていました。実際は子どもの主体性を大切にした保育を行っているなかで、月案と保育がかみ合っていないことに、指導計画を書くことの意味はあるのか、という疑問をもちながら作成していました。（施設長：古山先生）

いかに簡素化するか試行錯誤

保育者の書類作成の負担を減らすため、いかに簡素化するかも課題でした。そのため、計画を「期案」と「年間カリキュラム」の2つに絞って、作成の頻度を減らしてみたこともありました。子どもの姿を反映させ、保育者同士共有しやすい形式にするにはどうすればよいか、現在も試行錯誤を繰り返しています。（園長：田中先生）

週案・児童票

月案

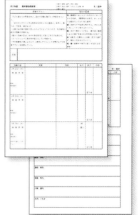

年間計画

「子どもの姿を共有しやすい形」を考えた結果……

これが私たちの指導計画です！（概要）

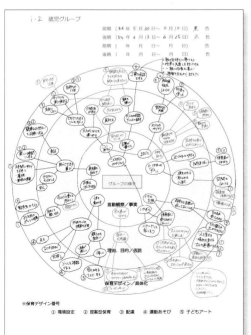

◀月案（マインドマップ型）

▼個人記録（マインドマップ型）

▼週案・日案

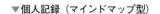

次ページから徹底紹介！

67

ここが特徴！

子どもの姿から、活動の計画となる「保育デザイン」
を考えるため、三重円の〈マインドマップ型〉で作成
しています。まず、子どもの姿を「事実」として記入し、
それに対する保育者の「仮説」を立て、そこから活動
や配慮を考え、「保育デザイン」を記載していきます。

最初に書く

A 言動観察／事実

円の中心に、子どもの姿の「事実」を記入する

グループで共通に見られる子どもの姿を具体的に記
入する。「事実」と「意見」を分けて書くよう意識する。

例：「よく食べる」＝意見
「残さず食べる」「おかわりをする」＝事実

B 理由、目的／仮説

「仮説」を立てて記入する

中心円に書いた具体的な事実から、子どもの興味・
関心を読み取り、保育者の「仮説」を記入する。

例：毎日虫の絵本を読んでいる○くん（事実）
　　→○くんは虫が好き（仮説）
　　→○くんはその絵本が好き（仮説）

数字は……

保育デザインの分類を示す番号を記入

保育デザインとして挙げる内容を、「①環境設定」
「②提案型保育」「③配慮」の視点に分ける。さら
に「④運動あそび」「⑤子どもアート」の活動ジャ
ンルを組み入れて、5つの項目に分類。その番号
を書き入れることで、活動のバランスを見る。

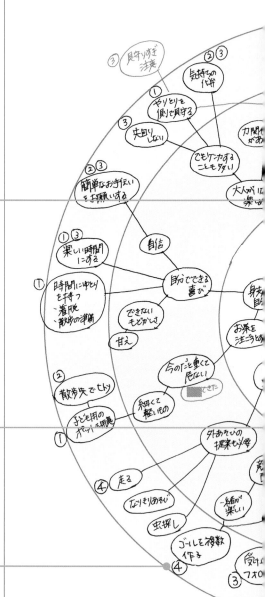

▶ 月案（マインドマップ型）

1、2　歳児グループ

●※保育デザイン番号

① 環境設定　　② 提

「保育デザイン」とは……

予定された活動中心の保育ではなく、保育者が提案し、子どもが主体となって活動を選んで決める"提案型保育"を行っています。その活動の提案と配慮点を合わせたものを「保育デザイン」と呼び、保育の方向性を考えるものとしています。

月 (R4年 5月30日～ 6月10日)　黒　色
月 (R4年 6月13日～ 6月25日)　赤　色
月 (　年　月　日～　月　日)　　色
月 (　年　月　日～　月　日)　　色

・親の気持ちに寄りそう
・将来の見通しをもたせる
・一緒に成長を喜ぶ
・複数の先生から、話をきく

丁寧な会話をする

絵の具　指先　はさみ

部屋の使い方

解説を交えて子ども同士の関わりを見てもらう

親も嬉しい

近くで見える

大人との会話たくさん話す

室内での充実

保育者に周知

動きの予測

取り合いのケンカ

大人とのやりとり

言葉が増えた

取り合いやけがの可能性

気持ちを受け止めてほしい

まねごと

押しの取る

近づから止める

①②

こども同士のやりとり

0.1才児への「ダメ」

関係深い

保育者が仲立ち

・壊される
・取られる
・心配

空間を分ける

グループの様子

A

言動観察/事実

色の違いが分かる

イヤの主張

したがる

気持ちと言葉が合ってないときも

そのまま受け止める

提案型保育でも

環境の工夫

保育者に受けとめてほしい

切り替えのきっかけを作る

ニヤニヤして笑うとう

・人を変える
・環境を変える
・大人の連携が大切

面白い不思議

理由、目的/仮説

B

大人とのやりとりを楽しむ

0・1才児がもってもらってるのを見てやってほしい

活動に余白を残す

ふれあいスキンシップあそび

・色分けの片付け
・セロファン（思わぬ水）

ステンドグラス
小麦粉粘土
きりふきあそび
ちぎってご色見

・いっぽんばし
・ララララそうきん
・大布あそび（上から下から）
・おせんべやけたかな
・バスごっこ
・お相撲ごっこ

フィンガーペイント

保育デザイン/具体化

C

C 保育デザイン/具体化

外側の円に「保育デザイン」を記入

抽象的な「仮説」から、具体的な「保育デザイン」を考える。「保育デザイン」は子どもの興味によってアプローチの仕方が異なるため、いくつか提案して、子どもが主体的に選べるようにする。

例：○くんは虫が好き（仮説）
　　●虫を見るのが好き→虫を入れた虫かごを置く→**環境構成**
　　●虫を採るのが好き→網を持って公園に行く→**提案型保育**

育　③ 配慮　④ 運動あそび　⑤ 子どもアート

月の計画の作り方〜１か月の流れ

（マインドマップ型月案・6月の計画作成の例）

月	週	曜日	ミーティングなど	参加者	指導計画の作成の流れ
5月	4週	木 金 土		担当全員	❶ 1人1枚マインドマップを作成する
6月	1週	月 火 水 木 金 土	1回目ミーティングの事前準備 1回目ミーティング	リーダー 担当全員・園長 翌週の担当	❷ 各自が作成したマインドマップを1つにまとめる ❸ 具体的な保育デザインを決め、6月前半の月案を決定 ❹ 月案をもとに翌週の週案・日案を作成
	2週	月 火 水 木 金 土		担当全員 翌週の担当	❺ 2回目ミーティングのためのマインドマップ作成 ● 翌週の週案・日案を作成
	3週	月 火 水 木 金 土	2回目ミーティングの事前準備 2回目ミーティング	リーダー 担当全員・園長 翌週の担当	● 各自が作成したマインドマップを1つにまとめる ❻ 保育デザインを更新し、6月後半の月案を決定 ● 翌週の週案・日案を作成
	4週	月 火 水 木 金 土		担当全員	● 各自が7月のマインドマップを作成する

月の計画はこんなふうに作ります

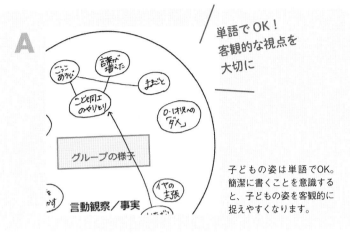

単語でOK！
客観的な視点を
大切に

子どもの姿は単語でOK。
簡潔に書くことを意識する
と、子どもの姿を客観的に
捉えやすくなります。

5月4週目

❶ 1人1枚マインドマップを作成する

A 言動観察／事実

日々の子どもの姿を観察し「事実」を書きとめる

保育を観察し、グループで共通に見られる子どもの姿を、マインドマップの中心の円内に書き込みます。その際、客観的で具体的な「事実」（言動）を書くことがポイント。「事実」と「意見」を分けることで、複数の保育者のさまざまな視点を互いに「事実」として受けとめ、意見交換がしやすくなります。

B 理由、目的／仮説

「事実」をもとに「仮説」を立てる

「事実」としての子どもの姿をもとに、それはどのような理由や目的（子どもの育ちや心の動き）からくるものかの「仮説」を立て、2番目の円内に書き込みます。1つの「事実」から複数の「仮説」を立てても、また「仮説」から「仮説」を立ててもOK。行事など、保育者が経験させたいことの場合は、2番目の円からスタートします。

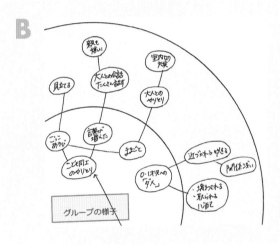

C 保育デザイン／具体化

「仮説」から「保育デザイン」を考える

「仮説」から、どのような保育や援助を提案できるか考え、具体的な「保育デザイン」を一番外側の円に書き込みます。1つの「仮説」から、できるだけ多くの「保育デザイン」を考えるようにします。

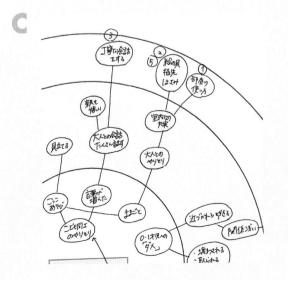

71

❷各自が作成したマインドマップを1つにまとめる

各担当が作成したマインドマップを、リーダーが1つにまとめます。保育者同士の共通の視点や異なる視点がわかりやすく、異なる捉え方であっても「事実」として客観的に受けとめやすくなります。

▼各自が作成したマインドマップ

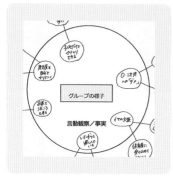

保育者A

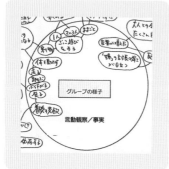

保育者B

▼1つにまとめたマインドマップ

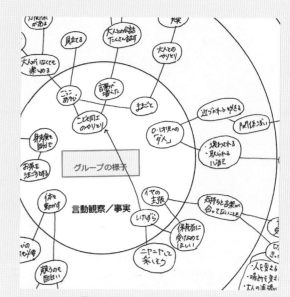

1つにまとめる際は、共通点は残し、相違点があれば、事前に園長と相談して事実か主観かを確認して残すものを決めます。共通点のなかでも、重要度と緊急度を考慮し、優先順位をつけてまとめることがポイントです。

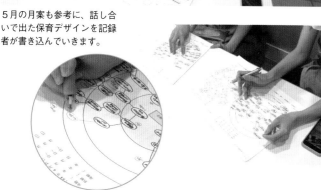

5月の月案も参考に、話し合いで出た保育デザインを記録者が書き込んでいきます。

❸具体的な保育デザインを決め、前半の月案を決定

進行役（リーダー）と記録者（タイムキーパー）、園長でミーティングを行います。ミーティング時間は30分。子どもたちの姿と、それぞれの仮説について話し合い、保育デザインのアイデアを決定。それぞれの保育デザインに、保育デザイン番号を入れて分類したら、前半の月案（マインドマップ型）が決定します。

▼前半の月案
（マインドマップ型）

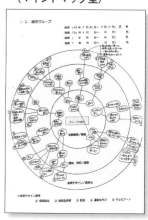

整えたらコピーを職員室に掲示して全員で共有します。

6月1週目終わり

（1回目ミーティング後）

❹ 月案をもとに週案・日案を作成

上部の週案は、月案から、翌週に取り入れたい保育デザインを選んで記入。活動を行ううえでの準備や計画も書き入れます。下部の日案は、日ごとの活動と、それに応じた準備などを記入します。（「週案・日案」の詳細はP.74）

外遊びでダンゴムシを見つけて喜ぶ子どもの姿から、虫かごを作ってダンゴムシを探しに行くという活動を設定しました。

▼ 週案・日案

<週案>

	今週の保育デザイン	詳細な活動案	子どもの様子、考察
1	ダンゴムシ探し1	①パックの虫かごを作成 ②本棚にダンゴムシの絵本をおく	
2	ダンゴムシ探し2	①天気予報を確認 ②石の下を探す※ムカデ、ゲジゲジなどに注意する	
3	公園であそぶ	①天気予報を確認 ②ものの感触を味わう ③自然を探す ④追いかけっこなどで体を動かす	
4	こすり絵	①ものの感触を味わう ②クレヨン、コピー用紙を用意 ③土台となる素材（プチプチ、花はじき、段ボール）を用意	
5	小麦粉粘土を一緒に作る	①やりたい子に合わせて、小麦粉粘土を作る ②誤飲に注意（0,1歳児グループに相談）	
6	公園にポットを持って行く	①天気予報の確認 ②調理の先生に小さいポットを用意してもらう	

<日案>

	5月 30日 (月)	5月 31日 (火)	6月 1日 (水)	6月 2日 (木)	6月 3日 (金)	6月 4日 (土)
活動	am ダンゴムシ探し1 pm 園庭であそぶ	am (雨予報) こすり絵 pm 小麦粉粘土	am ダンゴムシ探し2 pm 公園を見に行く	am 公園であそぶ ポットを持って行く pm ダンゴムシ探し2	am (雨予報) 小麦粉粘土 pm 公園であそぶ	am ダンゴムシ探し2 pm 公園であそぶ
準備	午睡中にパックの虫かごを作成 虫の絵本を用意	クレヨン、コピー用紙、土台の素材、小麦粉を用意	パックの虫かごを用意	小さいポットを用意 パックの虫かごを用意	小麦粉を用意	パックの虫かごを用意

リーダー担当者	
グループ	異年齢 （ 1,2 ）歳児
園長 計画確認	5 月30日
園長 振返確認	6 月 7 日

友達と図鑑を見てさまざまな虫がいることを知り、興味が広がります。

6月2週目

❺ 2回目ミーティングのためのマインドマップ作成

一人ひとりが、前半の月案のコピーに、その後の気づきや考察を赤字で書き足して、2回目ミーティングに向けてマインドマップを作成。それをリーダーがまとめます。

6月3週目

（2回目ミーティング）

❻ 保育デザインを更新し、後半の月案を決定

ミーティングの流れは1回目と同様です。2回目ミーティング後も、決定した月案のコピーを職員室に掲示して、全体で共有します。

▼ 後半の月案（マインドマップ型）

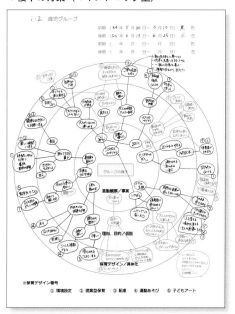

他の計画との連動

週案・日案

月案をもとに、週案・日案を作成する

週案・日案は、月案の保育デザインをもとに作成することで、ねらいが明確になります。また、子どもの姿が反映され、具体的な活動を考えやすくなります。子どもの発案による遊び（提案型保育）や環境設定から始まる活動もあります。

今週の保育デザイン
月案から、今週取り入れたい保育デザインを選び、記入。

詳細な活動案
活動を行う際の準備や計画、環境構成、配慮事項などを記入。

子どもの様子、考察
活動の度に、活動の際の子どもの姿や振り返りを記入。

▼週案・日案

＜週案＞

	今週の保育デザイン	詳細な活動案	子どもの様子、考察
1	ダンゴムシ探し1	①パックの虫かごを作成 ②本棚にダンゴムシの絵本をおく	起きる子と一緒に虫かごを作成。虫眼鏡があると興味を示す。思わずサンプルを探しに行きたい。
2	ダンゴムシ探し2	①天気予報を確認 ②石の下を探す※ムカデ、ゲジゲジなどに注意する	絵本を見ながら、石の下を探す子もいた。虫の名前を〇〇と見る姿も。無理強いせず、観察できる環境を用意する。
3	公園であそぶ	①天気予報を確認　②ものの感触を味わう ③自然物を探す　④追いかけっこなどで体を動かす	公園に着くと走り出す。環境物や遊具で、ちのちゃになって走るなか、大人と一緒に散策し、イメージの幅を広げていく。
4	こすり絵	①ものの感触を味わう　②クレヨン、コピー用紙を用意 ③土台となる素材（プチプチ、花はじき、段ボール）を用意	ポコポコしたものを使用して、こすり絵をする。紙やお絵かき棒の使い方を覚えたのか、興味が高い。準備物を取り入れたい。
5	小麦粉粘土を一緒に作る	①やりたい子に合わせて、小麦粉粘土を作る ②誤飲に注意（0,1歳児グループに相談）	援助するが、子ども自身の他のアイデアが生まれる。子ども自身の姿を見ながら、デザインを更新していきたい。
6	公園にポットを持って行く	①天気予報の確認 ②調理の先生に小さいポットを用意してもらう	公園で飲む予定だった。園内で飲む様子〇が「おそと」とグループで飲みたいと。

＜日案＞

	5月 30日（月）	5月 31日（火）	6月 1日（水）	6月 2日（木）	6月 3日（金）	6月 4日（土）
	am	am （雨予報）	am	am	am （雨予報）	am
活動	ダンゴムシ探し1	こすり絵	ダンゴムシ探し2	公園であそぶ ポットを持って行く	泥水あそび 小麦粉粘土	園長と水あそび ダンゴムシ探し2
	pm	pm	pm	pm	pm	pm
	園庭 探し	環境省へ散歩 小麦粉粘土	電車を見に行く	ダンゴムシ探し2	プロプロスター	室内でボールあそび 公園であそぶ
準備	午睡中にパックの虫かごを作成 虫の絵本を用意	クレヨン、コピー用紙、土台の素材、小麦粉を用意	パックの虫かごを用意	小さいポットを用意 パックの虫かごを用意	小麦粉を用意	パックの虫かごを用意

リーダー担当者		
グループ	異年齢 （ 1,2 ）歳児	
園長計画確認	5 月30 日	
園長振返確認	6 月7 日	

活動
その週に計画している活動を日案に落とし込む。子どもの姿を見て当日行った遊びは手書きで記入。

準備
活動を行ううえでの準備や環境構成、配慮事項などを具体的に記入。

時短を考え、連絡帳を廃止　その分、子どもの姿を見る時間に

以前は、午睡中の時間の大部分を割いて書いていた連絡帳。時には起きた子を待たせて書くこともありました。連絡帳を書くことで保護者支援をしているつもりになっていないか、という考えから、一度連絡帳をやめ、改めて必要性を検討しています。子どもの様子を保護者に伝える方法として、ICT化や口頭での伝達、ドキュメンテーションの掲示を行うことに。口頭より手紙の方が話しやすい保護者には個別に対応しています。

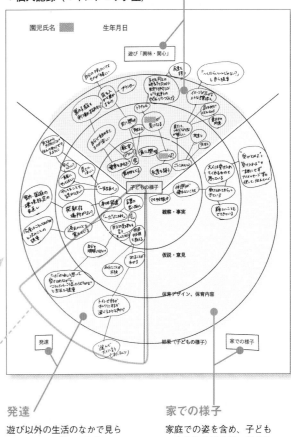

個人記録

個人記録もマインドマップ型で「事実」として発達を捉える

「子どもの様子」を中心にした三重円のマインドマップを、〈遊び「興味・関心」〉〈発達〉〈家での様子〉の3つの区分に分けたマインドマップ型の個人記録です。月案と同様に、円の中心から「事実」「仮説」「保育デザイン」へと広げていくことで、発達や心の動きが見えやすくなります。0歳児は2か月に1回、1、2歳児は3か月に1回作成し、児童票としても活用しています。

Close-up！

三重円の項目は月案と同じですが、月案はグループで共通に見られる姿、個人記録は個人のつぶやきなど、一人ひとりに見られる姿を捉えます。

仮説・意見
子どもの姿から、なぜそのような姿が見られたかを推察する。

観察・事実
円の中心に実際の子どもの姿を記入。個人のつぶやきをそのまま記入することも。

保育デザイン、保育内容
子どもの育ちを援助する保育者の働きかけを記入。

結果（子どもの様子）
保育者の働きかけによってどのような姿が見られたかを記入。

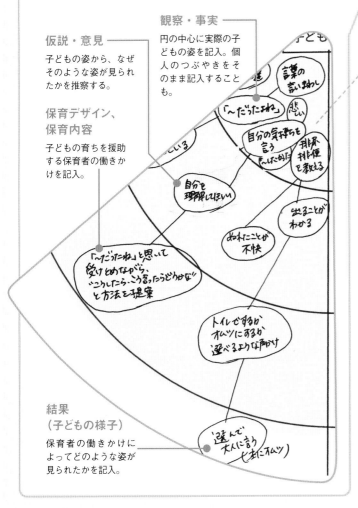

▼個人記録（マインドマップ型）

遊び「興味・関心」
遊びに関わる子どもの興味・関心の様子を記入。

発達
遊び以外の生活のなかで見られる子どもの様子を記入。

家での様子
家庭での姿を含め、子どもの全体像を総合的に捉えられる。

課題は……

家庭での様子の聞き取りが少ない場合、書き込みが少なくなりがちなことが課題。子どもの成長を伝え合うなど、コミュニケーションを通して保護者支援の形を模索しています。

まとめ

計画作成のポイント

ポイント

1 フラットな視点で子どもを捉える

　保育者の主観で決めつけにならないよう、よいところも課題のところもフラットな視点で子どもを見るように意識しています。例えば、「同年齢の子との遊びは物足りない」という子どもの姿は、「異年齢児との関わりを楽しんでいる」とも捉えられます。保育をするなかで、気になるところや目立つところはネガティブなできごとが多いもの。そこばかり注目してしまうと、「解決するための方法」や「気になる子へのアプローチ」を考えてしまいがちです。その年齢の子どもたち全体を捉えて保育するためには、どのような計画がよいかを考えています。

ポイント

3 子どもの捉え方で保育デザインが変わる

　「事実」としての子どもの姿を、「発達」で捉えるか、「興味・関心」で捉えるかで「保育デザイン」が変わります。そのためには、子どもの姿をしっかりと観察し、「事実」と「意見」を分けることが重要です。※右の図を参照。

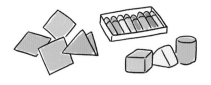

ポイント

2 振り返りとミーティングで計画がつながっていく

　毎週の週案の振り返りと月2回のミーティングが、翌月の月案につながっていきます。マインドマップは各自作成したものを、持ち寄ってミーティングで話し合うことで、さまざまな視点で子どもを捉えられるように。子どもの姿を話し合う機会が増えたことで、担当以外の保育者とも子どもの姿が共有できるようになり、園全体で子どもを見ていると感じています。

〈捉え方で保育デザインが変わる例〉

色の違いがわかる（事実）

発達 で捉える	興味・関心 で捉える
①環境設定「色分けで片づけ」	②提案型保育「ペットボトルで色水遊び」

色の認識が進んできたことから、色ごとに片づけできるよう棚を整理する

おもしろい・不思議という気持ちを受け、色をテーマにした活動を提案

今の形にしてよかったこと

子どもの姿を「事実」として客観的に見られるようになった

子どもの見方が変わり、事実を見てその先を「考える」ことができるようになりました。子どもを見るときに、「これは事実かな、自分の主観かな」と考え、「この子はこれが好き」といった主観だけでなく、その子の育ちや内面に目を向けるよう心がけています。また、担当の思い込みで決めつけるのではなく、「こうかもしれない」と見られるようになりました。

子どもの姿を共有しやすく担当一人で抱え込まなくなった

今までは、担当が「私じゃなきゃ」と、子どもを抱え込んでしまっていたところがありました。

同じ空間で生活や遊びを共にするなかで、自然と年下の子を思いやる心が育まれます。

しかし、主観が入らない「事実」として子どもの姿を捉えるようになったことで、さまざまな視点に気づき、受け入れ、共有しやすくなりました。周りの保育者も、「担当の見方が絶対ではない」ことで意見交換がしやすくなり、保育者の意識が変わったことで、子どもも「この先生でないとだめ」ということがなくなり、休み明けの不安定な姿も少なくなりました。園全体でおおらかに子どもを見られるようになったと感じます。

これからの課題と展望

ねらいや活動をいかに「具体化」させるか

子どもの主体性を大切にしながらも、子どもの姿から、具体的なねらいをもって保育できるよう、子どもが自由に選択できる環境や活動の提案をしていくことが必要と考えています。

時短を目指しつつ、よりよい保育を

ミーティングは1回30分と決めて行っているものの、子どもの姿を話していると時間が足りなくなってしまうのが課題です。また、「小規模園だからできる」ものではなく、広く活用できる形にして、よりよい保育を目指したいと思っています。

大豆生田先生より

mame's eye

保育者同士の対話で育つ多面的な視点を大切に

形骸化しがちな月案を、事実に基づいた子どもの姿からマップ型に記す方法を模索されたこと、とても素晴らしいと思います。しかも、簡素化も大切なこと。事実に基づき、保育者の思い込みや「かわいい」といった感覚的なことではなく、その子の興味関心を捉えようとしていることも重要です。一方で、保育者の主観も大切です。子ども主体の保育は保育者も主体。見方が一面的にならないよう、事実に基づき、職員間で互いの見方を語り合いながら関わりを模索していくこと。一人で抱え込まなくなった体制を生み出した背景には、このような主観を通しての対話も重視されていたのだと思います。

保育ウェブ

環境図ベースから活動ベースへ移行していく
記録と一体の 保育ウェブ型計画
（1歳児）

社会福祉法人乳児保護協会
白百合愛児園（神奈川県・横浜市）
園長：平原弥生　1歳児担任：宮本亜佐美

好奇心を育み、自ら「やってみたい」気持ちを伸ばす

　白百合愛児園では、子どもの健やかな育ちに必要な「食べる」「寝る」「遊ぶ」の3つを柱として、健康な心と体づくりを目指しています。なかでも「遊ぶ」では、子ども一人ひとりに寄り添いながら、「主体的に遊べる」環境づくりを行っています。園だからこそ経験できる、子ども同士の関わりから生まれる協同的な活動が大切だと考えます。園庭では思い切り体を動かしながら、季節に合わせて水遊びや泥んこ遊びなどを楽しめるようにしたり、また室内では年齢に合わせた玩具や素材を用意したりすることで、創造力や好奇心を育み、子ども自ら「やってみたい」と思える気持ちを伸ばすよう働きかけています。

　1歳児は39名。そのうち、低月齢児13名を1クラス、他の月齢児を13名ずつ2クラスに分けた、計3クラスで保育を行っています。時間帯や活動によっては他クラスと合同で行うことで、刺激を受けながら共に育ち合っています。

給食見本のそばに、野菜くずのバケツやへたの栽培容器を置いています。生き物のえさに活用したり、へたから芽が出ている様子を見たりすることで、野菜が生きていることや、無駄なく使うことを実感します。

高月齢児と低月齢児の発達の差が大きい1歳児は、低月齢児のクラスを分けることで、ゆったりとした環境のなかで一人ひとりの成長に寄り添った保育ができます。

園情報

白百合愛児園

園　児	223名（0歳児12名、1歳児39名、2歳児42名、3歳児43名、4歳児43名、5歳児44名）
保育者	園長1名、主任保育士2名、保育士48名（0歳児6名、1歳児12名、2歳児10名、3歳児7名、4歳児7名、5歳児6名）※各クラス保育補助含む

指導計画見直しのストーリー

週案

月案

研修をきっかけに、記録を生かした計画を考え始める

研修会で、「写真を2枚ほど入れるだけで伝わりやすい記録になる」との助言を受けたのをきっかけに、ポートフォリオを作成することに。ただ、記録としての内容であったため、計画には生かしきれていませんでした。一方、以前の月案は、例年の活動に即して作成しており、計画を立てても現在の子どもの姿とのギャップがあり、あまり意味のないものでした。そこで、記録にとどまらず、計画も子どもの姿を反映させたものにするよう、見直すことにしました。

子どもの遊びを図にしてわかりやすく、でも書類作成の手間は短縮したい

子どもの遊びを、くもの巣のようにつなげていくウェブ型で記録することは、以前も行っていました。流れを図にすることで、子どもの姿を保育者同士で共有でき、予測して環境を整えられるため活用していました。しかし、書類が増えることが保育者の負担になっていたため、もっと効率的にできないか、方法を探っていました。（園長：平原先生）

「記録を生かした効率的な計画」を考えた結果……

これが私たちの指導計画です！（概要）

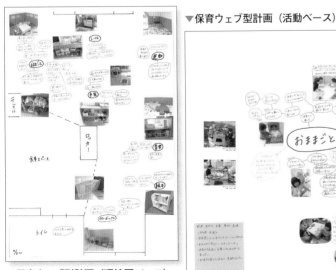
▲保育ウェブ型計画（環境図ベース）

▼保育ウェブ型計画（活動ベース）

おままごと

▼ポートフォリオ

6月7日(月) 手を洗おう！

次ページから徹底紹介！

生活に即した環境図ベース

好きなコーナーでゆったりと過ごすことの多い前期は、環境図ベースの計画を作成しています。

最初に書く

写真を貼り、コーナー名を書く

子どもの活動を書く

▼年度前期の保育ウェブ型計画（環境図ベース）／7月〜9月頃

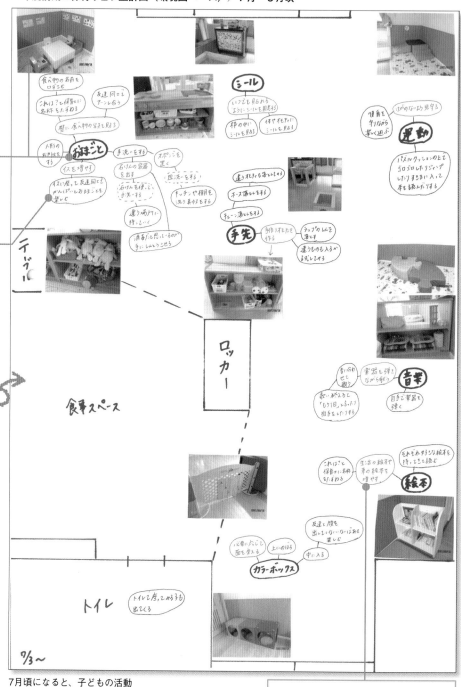

▼年度初めの保育ウェブ型計画
（環境図ベース）／4月〜6月頃

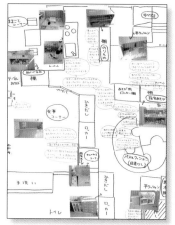

4月〜6月の環境図は枝分かれが少なく、子どもの活動の展開があまり見られません。また、赤字で記入する保育者の働きかけが多いことがわかります。

7月頃になると、子どもの活動が広がり、枝分かれしてつながっていきます。

保育者の働きかけを赤字で書く

ここが特徴！

子どもの姿や活動を線でつなげて視覚化する〈保育ウェブ〉を保育計画に取り入れています。前期は環境図を中心とした保育ウェブで、後期は活動を中心とした保育ウェブに移行します。月で区切らず、子どもの発達に合わせて作成します。子どもの姿から、保育者の予測・援助を記入していくことで、記録と計画が一体となることが特徴です。

▼年度後期の保育ウェブ型計画（活動ベース）／ 10月頃以降

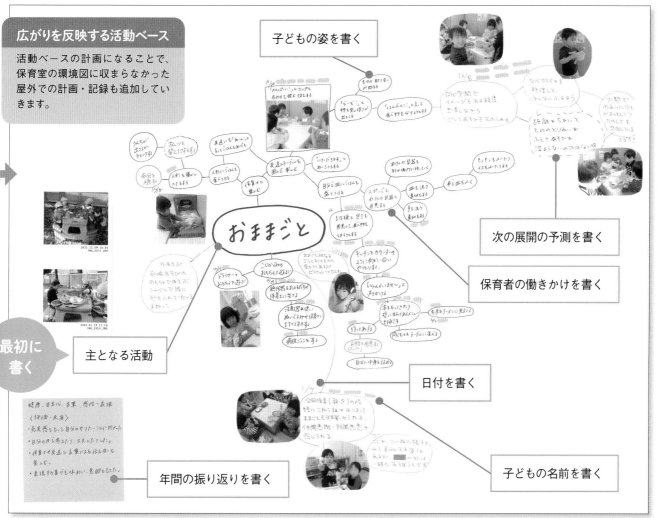

広がりを反映する活動ベース

活動ベースの計画になることで、保育室の環境図に収まらなかった屋外での計画・記録も追加していきます。

子どもの姿を書く

次の展開の予測を書く

保育者の働きかけを書く

日付を書く

子どもの名前を書く

主となる活動

最初に書く

おままごと

年間の振り返りを書く

色分けは……

黒 ⬭：子どもの活動
青 ⬭（点線）：大人が予測する子どもの姿
青 ⬭：実際の子どもの姿
赤 ⬭：保育者の働きかけ
　　　　（援助・配慮、環境設定など）
付箋 ：年間の振り返り

10月頃になると、遊びや子ども同士の関わりの広がりに伴い、活動ベースに移行。子どもの姿が主となり、そこに保育者の働きかけを記入していくことで、記録から計画へのつながりが生まれます。

3・4・5歳児

0・1・2歳児

保育ウェブ型

81

計画の作り方〜1年間の流れ

(保育ウェブ型計画・計画作成の例)

月	ミーティングなど	参加者	計画作成の流れ
4月	年度初めの計画（環境図ベース）を作成する	担任全員	❶ 保育室の環境図を書き、コーナーごとに予測される子どもの姿、保育者の働きかけを記入する
7月頃	年度前期の計画（環境図ベース）に移行する	担任全員	❷ 子どもの成長に合わせて環境を変更し、環境図に反映させて保育ウェブを更新する ● 活動が展開するようになったら、子どもの名前や発言を記入する
9月頃			
10月頃以降	年度後期の計画（活動ベース）を作成する（年度末まで更新していく）	担任全員	❸ 遊びや友達との関わりが広がってきたら、活動ベースの保育ウェブに移行する
年度末	1年間の振り返り	担任全員	❹ 年度末に、1年間を活動ごとに振り返る

計画はこんなふうに作ります

4月

❶保育室の環境図を書き、コーナーごとに予測される子どもの姿、保育者の働きかけを記入する

保育室の環境図を作成し、写真を貼ったら、担任同士で話し合い、コーナーごとに予測される子どもの姿と、それに対する保育者の働きかけを記入します。前期は子どもの活動の広がりが少ないため、環境図ベースで作成します。

Close-up！

▼環境図ベースの保育ウェブ型計画

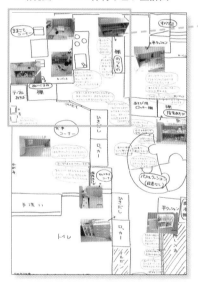

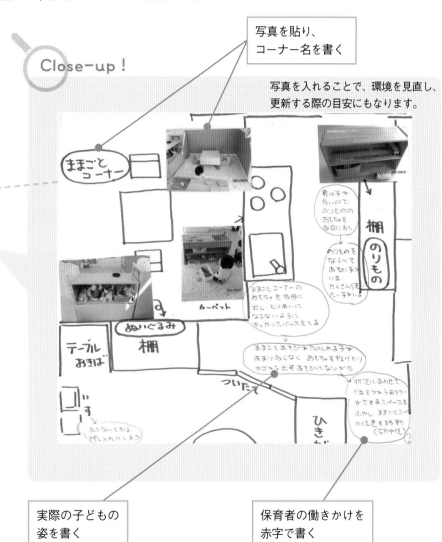

写真を貼り、コーナー名を書く

写真を入れることで、環境を見直し、更新する際の目安にもなります。

実際の子どもの姿を書く

写真があることで、子どもの姿を共有しやすくなります。

保育者の働きかけを赤字で書く

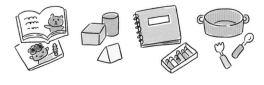

前期でも、コーナー以外で行う活動は、活動ベースの保育ウェブを別に作成。保育ウェブを室内に掲示して、すぐに書き込めるようにしているクラスもあります。

❷環境図を変更しながら 保育ウェブを更新する

活動の広がりや環境の変更とともに、環境図を更新していきます。子ども同士の関わりが増えていくにつれ、コーナーの写真も子どもの姿が中心になり、子どもの発言が書き込まれていきます。環境図ベースの計画は、子どもの活動が充実し、書き込む場所が少なくなったら更新します。

更新していくにつれて、環境図のあった位置に子どもの活動が書き込まれていきます。

▼環境図ベースの保育ウェブ型計画 (7/3)

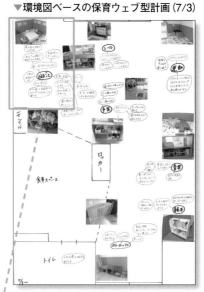

▼環境図ベースの保育ウェブ型計画 (9/30)

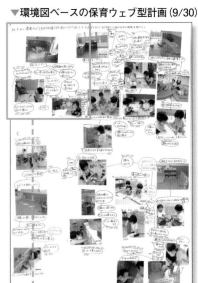

Close-up！

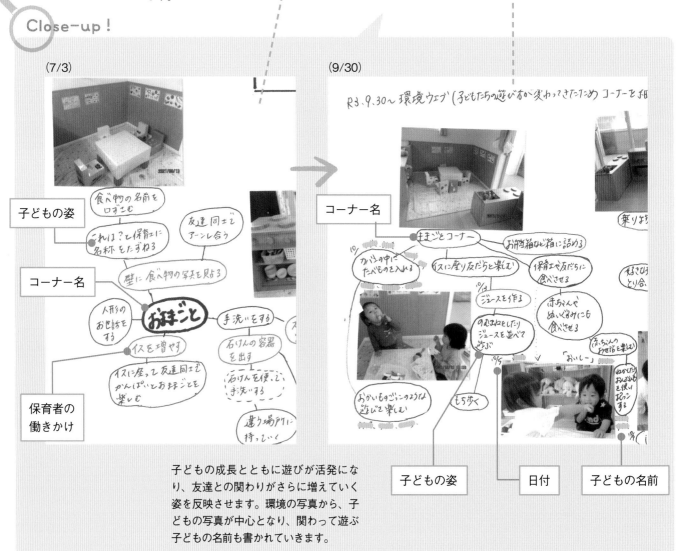

(7/3)

子どもの姿

コーナー名

保育者の働きかけ

(9/30)

コーナー名

子どもの姿　　日付　　子どもの名前

子どもの成長とともに遊びが活発になり、友達との関わりがさらに増えていく姿を反映させます。環境の写真から、子どもの写真が中心となり、関わって遊ぶ子どもの名前も書かれていきます。

10月頃以降

❸ 遊びや友達との関わりが 広がってきたら、活動ベースの 保育ウェブに移行する

遊びに変化が見られ、友達同士の関わりがより増えてくるようになったら、活動ベースの保育ウェブに切り替えていきます。活動ごとに焦点を当て、子どもの姿や発言を具体的に書き込むことで、保育者の働きかけもイメージしやすくなり、成長の記録としても振り返りやすくなります。

Close-up！

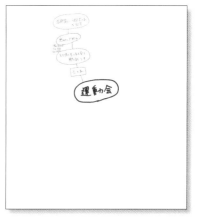

活動ごとに同じシートに日付を入れて書き足すことで、活動の流れが見通せます。

▼活動ベースの保育ウェブ型計画

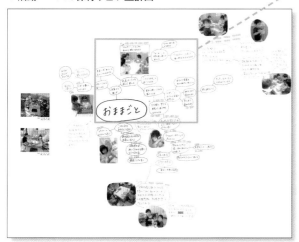

ままごと遊びの例

年間の振り返り

❹ 年度末に、1年間を 活動ごとに振り返る

年度末に、1年間を活動ごとに振り返り、付箋に反省を書きます。活動ごとに振り返ることで、その活動によって育まれた成長の様子や、子ども同士の関わりを捉えやすくなります。

▼活動が広がった保育ウェブ（年度末）

1年間の反省を書く

活動が広がった場合と広がらなかった場合の違いは、保育ウェブの充実具合で一目瞭然。次の計画に生かしていきます。

▼活動が広がらなかった保育ウェブ（年度末）

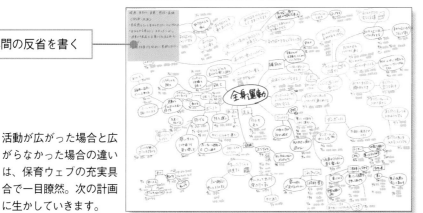

他の計画との連動

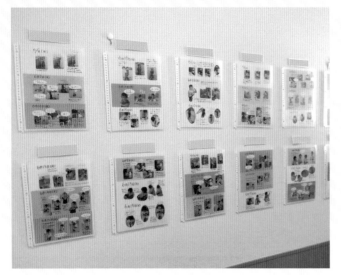

写真中心のポートフォリオで、日々の
活動や子どもの様子をわかりやすく保
護者に伝えます。

ポートフォリオ

０歳児と、１歳児低月齢は
毎日の成長記録として作成

０歳児と、１歳児の低月齢クラスは、毎日１人ずつの
活動の様子を記録したポートフォリオを作成。写真を中
心に、その日の子どもの姿を記録します。廊下に掲示し
て、活動報告として保護者へ知らせたあとは、個人の成
長記録としてファイルに保管。一人ひとりの成長の様子
が、日を追ってわかる個人記録になります。

一人ひとりの日々の姿を
捉えたポートフォリオが
そのまま成長記録に！

掲示後は、個別にファイリングし、
１人１冊のファイルを作成。１年
間の成長記録になります。

ICTやタブレットの活用

時短と情報共有を図る

以前はデジタルカメラで撮影し、印刷して切り貼りで作成していたポートフォリオですが、現在はドキュメンテーションアプリを使い、タブレットで作成できるようになりました。作成したものは、園のホームページの保護者専用ページにアップすることで保護者とも共有できるため、送迎の際に掲示を見る時間のとれない保護者にも好評です。

2〜5歳児のポートフォリオはクラスごとに作成。活動を振り返りながらの作成は楽しく、つい凝ってしまう保育者も。

連絡帳

複写式の連絡帳がそのまま生活記録にもなる

連絡帳は手書きの複写式にすることで、切り取って元本を保護者に渡し、複写紙をそのまま個人の生活記録として保管できます。0・1・2歳児では特に、家庭での様子、食事面や健康面の記録として、担任以外の保育者が入ったときなどにもすぐに確認できて便利です。

複写紙はクラスごとに保管。かごに入れ、個人ごとに分類しておけば、すぐに確認することができます。

計画作成のポイント

ポイント

1

子どもの活動を追って
援助を書き加えることで、
保育ウェブがそのまま計画に

保育ウェブで活動を追っていくことで、活動のなかでの子どもの育ちや友達との関わりが捉えやすくなります。それにより、どのような援助・配慮が必要かを具体的に考えられるようになり、それがそのまま次の計画になっていきます。

▼活動ベースの保育ウェブ型計画

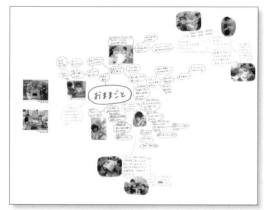

写真が入ることで振り返りがしやすいのもポイント。友達との関わりもひと目でわかります。

ポイント

2

個人記録を兼ねたポートフォリオで
子どもの成長を保護者と共有

毎日作成するポートフォリオは、子どもの日々の成長を保護者と共有する貴重なツール。写真入りのため、活動報告として、とてもわかりやすいと保護者にも好評です。また、一人ひとりの成長を振り返る個人記録としても活用し、計画にも生かすことができます。

今の形にしてよかったこと

遊びが発展する様子がわかり、保育が見えやすくなった

　保育ウェブでは、遊びの展開の様子がわかりやすいのが特徴だと思います。1年を通してそれぞれの遊びを追って書いていくので、遊びを通しての子ども同士の関わりや、クラス全体としての育ちがひと目でわかります。写真を入れることで、記録としても振り返りがしやすいこともポイントです。

記録から生きた「指導計画」に

　最大の特徴は、この保育ウェブが「記録」ではなく「計画」だということ。それぞれの遊びを見ていた保育者が、実際の子どもの姿だけでなく、予測される子どもの姿や保育者の働きかけなど、気づいたことを書き込み、随時更新していくため、それがそのまま次の活動の計画になります。

これからの課題と展望

重複している書類をいかに1つにまとめるか

　ポートフォリオが個人記録を兼ねているように、なるべく1つの書類で他の書類も兼ねられないかを検討中です。保育に関してやりたいことがあっても、書類作成に追われると保育自体が楽しくなくなってしまいます。いかに書類作成を効率よくできるかが課題です。

「とりあえず試してみる」を実践しよりよい方法を模索中

　研修をきっかけにポートフォリオや保育ウェブを取り入れたように、保育をよりよくするためには「とりあえず試してみる」ことも必要だと考えています。まずはやってみて、やり方が合わないと思えばやめればいいし、いいと思えるものは続いていく、という思いから、現在もよりよい方法を模索している最中です。

大豆生田先生より

mame's eye

記録・計画・環境が一体の理想的な計画

　この園の場合、記録と計画と環境が一体化しているところが優れていますね。これは、環境マップとウェブ型の一体型といえます。本来、記録と計画、環境構成は一体のものです。写真を加えることで、具体的な場面のイメージも豊かに理解できます。先に計画があってそれをおろしてくるイメージではなく、目の前の子どもの姿から生み出されていることがわかります。そして、0・1歳児などはマップ型よりは個別の方がふさわしいことから、個人別のポートフォリオにしていることも◎。試しながら、常に進化しているというのもこの園の素晴らしいところです。

記録一体型

一人ひとりの発達の過程が流れでわかる
記録一体型個別計画
（0歳児）

社会福祉法人ユーカリ福祉会
八国山保育園 （東京都・東村山市）
園長：金澤啓子　統括主任：松浦奈緒

自然との関わりのなかで
食べることや命の大切さを体験

　八国山保育園では、作物を育て収穫し、食べることを通して、子どもたちの体や五感を育むことを目的とする「食農保育」を大切にしています。園庭には、ミニ田畑やビオトープ、実のなる木など、自然物があふれています。近くの畑では子どもたちと野菜を栽培・収穫し、給食で食べたり、さまざまな食品（草もちや梅干し、みそ、たくあんなど）を作ったりして、日本の食文化を伝えています。0歳児から、畑は楽しい遊び場。「においをかぐ・手で触れる」など、五感で楽しむところから始まり、各年齢に応じた食農保育を進めています。また、「命は命あるものから学ぶことが大切」という考えから、園内でブタやイヌ、ウサギ、ウズラ、カメなどを飼育。さまざまな生き物と日常的に接し、世話をすることで命の尊さを学んでいます。0歳児は育児担当制を導入しており、1年を通したていねいな関わりのなかで信頼関係を育み、安心して自分を出していけるようにしています。

園庭の中に田んぼがあり、お米を育てながら、四季の移り変わりを日々体感していきます。

実際に触れて、命の不思議さや大切さを五感を通して感じます。

「風の庭」と名づけられた畑。園から大人の足で徒歩5分ほどのところにあるため、お散歩にもぴったり。

園情報

八国山保育園

園　児　115名（0歳児8名、1歳児13名、2歳児16名、3歳児26名、4歳児26名、5歳児26名）

保育者　園長1名、統括主任1名、保育士28名（0歳児6名、1歳児5名、2歳児5名、3歳児4名、4歳児4名、5歳児4名）
※各クラス保育補助・加配補助も含む

指導計画見直しのストーリー

日誌や生活記録など、同じ内容が複数の書類に散らばっていた

以前は、書類の数が多く、同じ内容の記録が日誌や個人記録など、さまざまなところに散らばっていました。0歳児は、生活記録と日誌が分かれていましたが、「日誌＝日々の子どもの様子を書くもの」なので、生活記録を日誌として、計画を兼ねてもよいのでは、と考えました。（統括主任：松浦先生）

以前の計画

月案　　　　個別計画

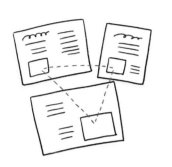

日誌

現場から「もっと見やすい書式にしたい」と声が上がり検討

業務の効率化の面に加え、内容的にも、現場から「計画をもっと見やすく、わかりやすい書式にしたい」という声が上がりました。そこで、それぞれのクラスでどのような書式がよいか、会議を重ね、検討しました。（園長：金澤先生）

「現場の保育者が使いやすい形」を考えた結果……

これが私たちの指導計画です！(概要)

▼クラスの月案（オモテ）

▼クラスの月案（ウラ）

▼月の個別計画（記録一体型）〈1枚目／月前半〉

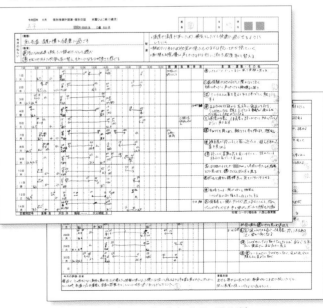

▲月の個別計画（記録一体型）〈2枚目／月後半〉

次ページから徹底紹介！

徹底紹介！ 記録一体型個別計画

最初に書く

今月のねらい
「養護」「教育」に分け、一人ひとりの姿に沿ったねらいを書く

記号と数字の意味は……

水：水分補給
M：ミルク
Mの上の数字：ミルクを飲んだ時刻（分）
Mの下（横）の数字：ミルクの量（mL）
全：食事量、全量食べる
（1/2：半量、2/3：2/3量）
↔：睡眠時間　↔の左の数字：入眠の時刻
　　　　　　　↔の右の数字：起床の時刻

▼月の個別計画（記録一体型）

個別の月案

| 氏名 | A子 | ○月○日生まれ | ○歳○カ月 |

今月のねらい

（養護）
高い気温、湿度に慣れ健康に過ごす

（教育）
（教）気になる玩具を触ったり舐めたりして遊ぶ
（清）おむつや汚れた衣服を取り替え きれいになる心地良さを感じる

家での朝の体温を連絡帳から転記する

園での朝の体温を記入

ミルクを飲んだ時刻と量、食事量を記入

水分補給をしたら記入

入眠と起床の時刻を記入

生活や発達の記録

	7:00	8:00	9:00	10:00	11:00	12:00	13:00	14:00	15:00	16:00	
1日（火）		36.7	水	全 M160		→20			00 M150		
2日（水）		36.5 水	全	10 全 M160							20→
3日（木） 36.6 36.6	55 18 →	水	05 全	40		→	55 → 36.8 水 10 M180				
4日（金） 36.6	20→		M150					120→ 水 全 10 M 150		18←	
5日（土）36.5	00 32 ←	水	15 2/3 M160	45 ←				20 30 M 150			
7日（月）36.2	23 40 ←	水 水	全 M160	45			38			40 → 水	
30日（水）36.6 36.6	20 05 ←	水 水	10 全 M160	50 ←		15 → 36.4	05 M180		45 ←	55 水	
日（　）											

評価・反省

保育者の配慮の結果、子どもの姿がどうなったかを振り返る

今月の評価・反省

寝返り、うつ伏せになり身体を動かすことが増えた。体勢が辛くなった際には泣いて伝えようとしている時、気温に応じ着替え、室温を調整のすることで心地良く過ごすことをができていた。

評価・反省

ここが特徴！

0歳児の計画は月ごとに、上部分に個別の月案を書き、下部分に日々の記録を記入する、記録一体型の個別計画の形にしています。一人ひとり個別に、生活の流れや発達の様子を、1日を通してだけでなく週や月単位で見ることができるのが特徴です。

1枚目……「ねらい・配慮」と「月の前半の個別記録」
2枚目……「月の後半の個別記録」と「評価・反省」

配慮
それぞれのねらいに対する保育者の配慮を書く

園長			主任		担任			

○温度や湿度が高いため、換気をしたりと快適に過ごせるようにしていく

○舐めたりするため他児が使ったものなどは拭いてから使っていく。

○取り替える際、優しく声をかけながら行い、汚れた都度取り替える。

健康・食事・排泄
健康・食事・排泄に関わる子どもの姿を書く

00	19:00	健康	食事	排泄	言葉・運動・その他
		便がかたくなってくる			環 ハトコが「ブーブー」と言うと笑って笑顔を見せる。
					人園 保育士が他の子どもと関わると泣く。名前を呼んだり、声をかけると機嫌よく笑う。
					環 ミニトマトの苗を見ると手を伸ばして触ろうとする
				13:45 排尿	運 あお向けの姿勢から右方向に寝返りを打ち、うつぶせになる。顔を上げている姿勢が疲れると力を抜いて体を休めるようになる。
			口を開けて意欲的に食べる		言 喃語が増え、保育者の話しかけに上手に応えるように声を出す
		おしりが真っ赤に発疹			環 きゅうりを見つめ、触ろうと手を伸ばし、掴む。
					環 運 シートの上にうつぶせになり、兄が近づくと顔をよく見ようと動く

記号の意味は……

環：環境　　人：人間関係
表：表現　　運：運動
言：言葉　　　　　など

1枚目

2枚目

| | | ○見られた。汗をよくかく | 家庭支援 わせも汗がよく出るため、家庭でもこまめに拭いたりと、肌を清潔に保っていけるように伝えていく。 | | |

家庭支援
子育てのサポート、子どもの育ちを援助するための環境の整え方など、保護者に知らせることを記入

93

月の計画の作り方〜１か月の流れ

(記録一体型個別計画・６月の計画作成の例)

月	週	曜日	ミーティングなど	参加者	計画作成の流れ
5月	4週	木金土	６月の個別計画作成	リーダー・担当	❶ クラス全体の月案を作成し、そのねらいをもとに、個別計画のねらい・配慮を作成する
6月	1週	月火水木金土		担当	❷ 生活や発達の記録を書く（食事や睡眠、運動面など）
	2週	月火水木金土	クラス会議	担当	❸ クラス会議で個別の姿や月の見通しを話し合う
	3週	月火水木金土		担当	❹ 生活部分の記録をもとに環境を整える
	4週	月火水木金土	乳児会議 ６月の振り返り ７月の個別計画作成	０・１・２歳児担任全員 リーダー・担当	❺ 乳児会議で子どもの姿を共有する ❻ ６月の振り返りを行う ● ７月のクラスの月案、個別計画のねらい・配慮を作成する

月の計画はこんなふうに作ります

5月末

❶ クラス全体の月案を作成し、そのねらいをもとに、
6月の個別計画のねらい・配慮を作成する

A ねらいを「養護」と「教育」に分けて書く

「養護」・「教育」の2つの観点から、一人ひとりの姿に合わせてねらいを作成します。

今月のねらい	（養護） 高い気温・湿度に慣れ健康に過ごす
	（教育） ⚫︎気になる玩具を触ったり舐めたりして遊ぶ ⚫︎おむつや汚れた衣服を取り替え きれいになる心地良さを感じる

B それぞれの配慮を書く

「養護」・「教育」のそれぞれのねらいに対する保育者の配慮点を書きます。

配慮	（養護）⚫︎温度や湿度が高いため、換気をしたりと快適に過ごせるように していく
	（教育）⚫︎舐めたりするため他児が使ったものなどは拭いてから使っていく。 ⚫︎取り替える際、優しく声をかけながら行い、汚れた都度取り替える。

▼ 月の個別計画（1枚目／月前半）

❷生活や発達の記録を書く（食事や睡眠、運動面など）

C ミルクの時刻や量、睡眠時間などを記録する

矢印や記号を使い、毎日の生活リズムがひと目でわかるよう、すっきりまとめます。

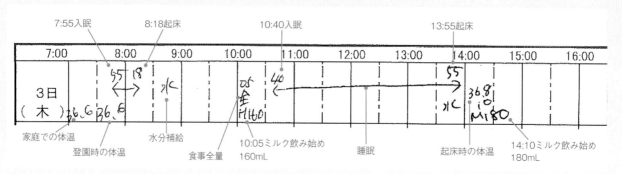

D 成長・発達に関する子どもの姿を 具体的に書く

「健康」「食事」「排泄」についてはそれぞれの枠に記入し、0歳児にとって成長発達の著しい「言葉」「運動」などの項目は、大きめの枠に具体的に記録。それぞれの姿が〈クラスの月案〉の「健康・人間関係・環境・言葉・表現」の、どの項目に対応しているかを意識して書きます。（「クラスの月案」の詳細はP.98）

会議は保育者の負担にならないよう、
午睡時を利用して行います。

❸クラス会議で 個別の姿や月の見通しを 話し合う

計画のための会議は、第2火曜日の「クラス会議」と、第4火曜日の「乳児会議」の月2回。クラス会議では、個別の姿を中心に話し合います。運動会などの大きな行事がある場合は、それに関連して一人ひとりの運動面について話し合うなど、個別の姿とクラスとしての全体の育ちを連動させるようにしています。

6月3週目

❹生活部分の記録を
もとに環境を整える

0歳児は、まずは安定した生活リズムをつくることが重要。一人ひとりが安定して過ごせるよう、環境を整えていきます。

午睡時に両側にクッションを置くことで安心して眠れる子には、そのように配慮します。

E 月の後半になるとまとまった睡眠が取れるようになるなど、1か月の流れで成長を捉えやすくなります。

	7:00	8:00	9:00	10:00	11:00	12:00	13:00	14:00	15:00	16:00	17:00
前半	9日（水） 36.6 36.5		水				水 36.6 36.4	170			
	10日（木）		水				45 36.7 180				水
	11日（金） 36.6		水	水			180 36.7				水

	7:00	8:00	9:00	10:00	11:00	12:00	13:00	14:00	15:00	16:00	17:00
後半	28日（月） 36		水				36.5 120				
	29日（火） 36.6 36.4		水				36.6 120				水
	30日（水） 36.6 36.5		水				36.4 180				水

6月4週目

❺乳児会議で子どもの姿を共有する

乳児会議は、0・1・2歳児の担任全員が参加します。現在の個別の子どもの姿を話し合い、3年間の流れで育ちを考えられるよう共有し、3クラスでだいたいの統一感をもって保育が行えるようにします。

❻6月の振り返りを行う

保育者の配慮の結果を踏まえて月の子どもの姿を振り返り、「今月の評価・反省」を書きます。「家庭支援」には、育児へのサポートのほか、子どもの育ちにつながる環境の整え方などを情報共有し、必要なことを保護者へお願いします。

▼月の個別計画（2枚目／月後半）

（記録の表）**E** **F**

F

今月の評価・反省
寝返り、うつ伏せになり身体を動かすことが増えた。体験が楽しくなった際には泣いて伝えようとする姿も見られた。汗をかいている時、気温に応じ着替え、室温を調整することで心地良く過ごすことができていた。

家庭支援
あせも等がよく出るため、家庭でもこまめに拭いたりと、肌を清潔に保っていけるように伝えていく。

マインドマップ型
保育ウェブ型
記録一体型個別計画

他の計画との連動

「クラスの月案」と「個別計画」でのねらいについて

クラスの月案のねらい……クラスの「活動」のねらいや、生活として過ごすなかでのねらい

個別計画でのねらい……一人ひとりの「成長・発達」の援助としてのねらい。現在の姿に合わせたねらい

例：クラス…秋になりたくさん動けるようになるので、体を動かすことを楽しめる活動をする
個別…はいはいが楽しいときなので、いろいろな環境ではいはいができるよう設定する

クラスの月案

クラス全体の計画として月案を作成する

クラス全体の計画として、まずクラスの月案を作成してから、一人ひとりの発達に沿った個別計画に反映させます。クラスの月案は、オモテ面にクラスの保育のねらいと配慮、ウラ面に「あそびの計画」や「食農」などの活動内容や配慮を書きます。

ねらい

項目ごとにねらいを書く。個別計画でのねらいや子どもの姿の項目分けの目安になる。
項目分けの際は、他の項目と重なるもの、項目には該当しないものがあることを理解したうえで書く。
（「個別計画」のねらいの詳細はP.95）

マークの意味は……

5領域の「健康」で、生命の保持や基本的生活習慣に関わる事柄を示す

健：健康　　清：清潔　　着：着脱
食：食事　　睡：睡眠　　排：排泄
運：運動

5領域を示す

子どもの評価

月の終わりに、クラス全体として見られた子どもの姿を書く。

保育士の自己評価

月の終わりに、ねらいに対する配慮や援助への自己評価を書く。

今月のねらい

クラスの大枠としてのねらいを書く。

先月の子どもの姿

前月末に見られた、全体に関わる子どもの様子を書く。

▼クラスの月案（オモテ）

配慮事項

ねらいを受けて保育を行うにあたっての配慮や援助、準備を書く。

▼クラスの月案（ウラ）

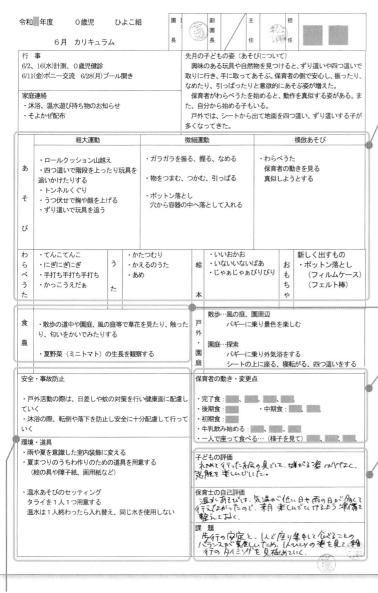

令和　年度　0歳児　ひよこ組	園長	副園長	主任	担任		
6月　カリキュラム						

行事	先月の子どもの姿（あそびについて）
6/2、16(水)計測、0歳児健診 6/11(金)ポニー交流　6/28(月)プール開き	興味のある玩具や自然物を見つけると、ずり這いや四つ這いで取りに行き、手に取ってあそぶ。保育者の側で安心し、振ったり、なめたり、引っぱったりと意欲的にあそぶ姿が増えた。
家庭連絡	保育者がわらべうたを始めると、動作を真似する姿がある。また、自分から始める子もいる。
・沐浴、温水遊び持ち物のお知らせ ・そよかぜ配布	戸外では、シートから出て地面を四つ這い、ずり這いする子が多くなってきた。

	粗大運動	微細運動	模倣あそび
あそび	・ロールクッション山越え ・四つ這いで階段を上ったり玩具を追いかけたりする ・トンネルくぐり ・うつ伏せで胸や顔を上げる ・ずり這いで玩具を追う	・ガラガラを振る、握る、なめる ・物をつまむ、つかむ、引っぱる ・ポットン落とし 　穴から容器の中へ落として入れる	・わらべうた 保育者の動きを見る 真似しようとする

	わらべうた		うた		絵本		おもちゃ
わらべうた	・てんてこてんこ ・にぎにぎにぎ ・手打ち手打ち手打ち ・かっこうえだぁ	・かたつむり ・かえるのうた ・あめ			・いいおかお ・いないいないばあ ・じゃあじゃあびりびり		新しく出すもの ・ポットン落とし （フィルムケース） （フェルト棒）

食農	・散歩の道中や園庭、風の庭等で草花を見たり、触ったり、匂いをかいでみたりする ・夏野菜（ミニトマト）の生長を観察する	戸外・園庭	散歩…風の庭、園周辺 　バギーに乗り景色を楽しむ 園庭・探索 　バギーに乗り外気浴をする 　シートの上に座る、寝転がる、四つ這いをする

安全・事故防止	保育者の動き・変更点
・戸外活動の際は、日差しや蚊の対策を行い健康面に配慮していく ・沐浴の際、転倒や落下を防止し安全に十分配慮して行っていく	・完了食： ・後期食：　　　　　・中期食： ・初期食： ・牛乳飲み始める： ・一人で座って食べる…（様子を見て）

環境・道具	
・雨や夏を意識した室内装飾に変える ・夏まつりのうちわ作りのための道具を用意する 　（絵の具や障子紙、画用紙など） ・温水あそびのセッティング 　タライを1人1つ用意する 　温水は1人終わったら入れ替え、同じ水を使用しない	子どもの評価 初めて行った絵の具だけど、嫌がる姿はなくて、感触を楽しんでいた。 保育者の自己評価 温水あそびは、気温が低い日や雨の日が多くて行えなかったので、来月楽しんでいけるよう準備を整えておく。 課題 歩行の安定と、1人で座り集中して遊ぶことのバランスが難しいため、1人ひとりの姿を見て、移行のタイミングを見極めたい。

あそびの計画

あそびを「粗大運動・微細運動・模倣あそび」や「わらべうた・絵本」などに分け、それぞれの活動の詳細や配慮点を記入。目的をもって活動できるよう、保育者同士で共有する。「あそびの計画」を具体的に立てておくことで、担任以外が保育に入った際にも活動の目安になる。

食農

0歳児なりにどのように地域の自然や畑の活動に関われるか（匂いをかぐ、遊ぶなど）を意識して活動できるように設定する。ここでの内容は、表面の「健康（食事）」の項目に反映させる。

保育者の動き・変更点

食事に関する留意事項を書く。「育児担当制」のため、担当以外の園児の情報をここに記入することで共有する。

評価

月の終わりに、子どもや保育者についての評価と、今後の課題を書く。

安全と環境

「安全・事故防止」に関する留意事項と、「環境・道具」に関する準備や配慮を記入する。

▼クラスの週案・日案

（週間指導計画案・日案・日誌　本園ひよこ組（0歳児））

クラスの週案・日案

個別計画と連動した週の活動計画

クラスの月案のねらいを受けて週のねらいを決め、それに沿っておおまかに週の活動予定を立てます。その際、クラス会議で話し合った個別のねらい・配慮と連動させ、「クラスのなかの一人／一人ひとりがいてのクラス」ということを意識します。

まとめ

計画作成のポイント

ポイント 1
「計画」と「記録」を1つにまとめる

一番のポイントは「計画」と「記録」が1枚の紙にまとめられているところ。特に0歳児は1日の生活の流れが重要なため、一人ひとりの生活の記録や発達の過程を週や月の流れで追って、記録が次の計画に生かせることが0歳児の保育に適していると考えます。子どもの様子の変化にも気づきやすく、子どもへの関わりの見通しも立てやすくなるため、クラスの月案・週案・日案にそれぞれ反映させやすいことも利点です。

1週間・1か月間という流れで、一人ひとりの発達を追うことで、見通しをもった保育ができます。

ポイント 2
担当以外の職員とも共有しやすい

0歳児は育児担当制を導入しており、個別計画は担当が1年を通して「ねらい・配慮」を書きます。そのため、1人の子どもを1年を通して継続して見られる形になっています。記録と一体型の個別計画は、発達を追いやすく、担当以外の保育者、特に産休・育休明けの保育者とも、子どもの姿を共有しやすいという利点があります。

今の形にしてよかったこと

一人ひとりの育ちの
振り返りがしやすい

　今までは、時系列という形式は同じであったものの、1日1枚にクラスの全員分の記録を書き込んでいたため、1人の子の育ちを振り返るのが大変でした。児童票を作成する際には、1か月分のファイルの中から、1人ずつを追ってページをめくっていき確認する作業を繰り返していました。現在では1人1枚に1か月分がまとまっているため、日々の生活や成長の過程をひと目で見通すことができ、書類の量も格段に減りました。

24 時間のサイクルで
生活のリズムを把握しやすい

　0歳児はすべてが「遊び」であり、すべてが「生活」です。そのため、遊びや生活のリズムをどう整えていくかがポイントだと考えます。「個別計画」では、一人ひとりの生活のリズムが視覚的にわかるため、日々の生活のなかで「静」と「動」のリズムをつくる際の目安になります。24時間サイクルで日々をつなげて見ることができ、発達が見えやすくなりました。

これからの課題と展望

大事にしたいポイントを落とさず、
業務軽減したい

　今年からタブレットを導入し（クラスに1〜2台）、書類作業を全てタブレットに移行しようとしています。保存場所を取らず、前の記録を振り返るのも楽になりました。ただ、書類作成アプリに入っている書式が決まっているため、自分たちの考える個別計画をタブレットで作成することは、現状では難しいところです。大事にしたいところは落とさず、書類作業の負担を減らしたいため、いずれはタブレットで現状のような形式を作成できないか、模索しています。

連絡帳は個別計画とは別に、ノートに手書きで記入しています。保護者に伝えるものなので、個別計画と一緒にするかはまだ検討中。

大豆生田先生より

mame's eye

個人差の大きい年齢は
個別で育ちを捉えやすく

　子どもの記録や計画において、特に0歳児や1歳児などは個々の個人差が大きく、個別に捉えていくことが大切になります。この園では、個別に1枚ごとの計画にすることで、一人ひとりの遊びや生活の具体的な姿や育ちを捉えやすく改良したところが素晴らしいです。見やすくすることで、時間短縮や、同僚との語り合いをしやすくしていることにつながっていることがよくわかります。今後の課題としているタブレットでの活用とつながれば、より時間短縮ができるほか、写真やエピソードも掲載しやすくなるかもしれませんね。

3章

教えて！ 大豆生田先生

これからの指導計画 Q&A

指導計画を、本当の意味で役立つものに変えていこうとするとき、

「自分が勤める園ではどうすればよいか」の答えが見つけられず、

なかなか一歩を踏み出せないこともあるのではないでしょうか。

そこで、指導計画を見直したり変えたりしていくなかで出てくる

お悩みについて、大豆生田先生にお聞きしました。

あなたの園で "これからの指導計画" を考える際に、ぜひヒントにしてください。

Q1 まず、なにから始めたらいいですか？

勤務する園の指導計画は、監査のためにつくっているようで書くこと自体が目的になっているように感じます。もっと意味のある指導計画に変えたいのですが、出発点やプロセスがわかりません。なにから始めたらよいでしょうか。

（認定こども園 4年目）

指導計画を見直したいのですが、様式は自治体共通のフォーマットを使っていて、なにを変えたらよいか、わかりません。そのような状況でもできることはありますか。

（保育園 8年目）

大豆生田先生

A 保育とは単に予定されていた計画をおろしてくる行為ではありません。おおまかな予定に加え、今日（今週あるいは今月）の子どもの姿を踏まえて、「明日（来週あるいは来月）、こうしたい」「こんな環境を出してみよう」と計画をたて実践するサイクルです。もし、これまでの計画が、例年のものや雑誌や本から書き写していた場合、実際の保育に役立っておらず、PDCAサイクルにもなっていないと思います。

そうした状況にあると感じているのであれば、はじめにやることは、目の前の子どもの姿から、自分なりの計画をたててみることです。今日の姿から明日につなげたいことはどんなことですか？　まずはこれを書き入れてみましょう。あまり堅苦しく考えず、気軽にメモする感じで書いてみてください。

週案であれば、その週の流れのなかに、年間計画や月案などで決まっている活動内容などをメモして、さらに自分が取り入れたい活動内容を入れてみましょう。まずはここからです。

さらに、1週間全体を通して、子どもに経験してほしいなと考えることを週の「ねらい」（願い）として書き込みます。ねらいは、本や雑誌を参考にしてもよいですが、堅苦しい言葉である必要はありません。自分の言葉で「水の感触を楽しんでほしい」「友達と協力して活動する」など箇条書きで何点か書いてみましょう。そうすると、自分の思いの入ったワクワクする計画になります。

まずはここから！

● 目の前の子どもの姿から、自分なりの計画をたててみる
● 今日の子どもの姿から、明日につなげたいことをメモして、計画に入れてみる

Q2 園の従来どおりの考え方を変えるのが難しいのですが……

私の園では、指導計画は前年度のものをアレンジするだけで、そこに疑問を感じています。指導計画のとおりに行う保育を「計画的でよい」と考えている園の意識を変えたいのですが、どうすればよいでしょうか。

(保育園 4年目)

勤務先は、園の方針や理念から、子どもに「させる」「教える」保育をしています。指導計画もそういうものになっているのですが、計画を変えようとするのは、難しいでしょうか。

(幼稚園 5年目)

指導計画は、教育要領や保育指針から「おろすもの」「ずれたら戻すもの」と教えられてきました。子どもの発達や興味・関心には差があるのに、活動を要領・指針ベースで設定し、子どもの主体性が失われているようで苦しいです。

(認定こども園 7年目)

大豆生田先生

A 園全体を変えることの前に、まずは「あなた」が変わることを始めてみてはいかがでしょう。あなたが子どもの姿から生まれる計画をワクワクしながら書いていれば、理解のある同僚がまねしてみようと思うかもしれません。保育が変わるときは、一気に全体が変わるのではなく、いつも誰かから始まるのです。もし、あなたが問題意識をもっているのであれば、大きな可能性があります。ぜひ、仲間を増やし、リーダー層も巻き込んでください。大切なポイントは、ワクワクして楽しそうであることです。大変そうなことではなく、楽しそうなことが、他者を巻き込んでいくのです。

また、子どもの姿から保育を始めることが要領・指針の考え方ですから、計画は要領・指針の方向性のなかにあります。さらにそのうえで

5領域や10の姿がありますが、これは達成目標ではありません。それらを経験させるため・クリアするために、計画を立てるわけではないのです。「10の姿を育むためにこの活動を設定しよう」というのではなく、「子どもたちの遊びから発展したこの活動は、10の姿のどれに当てはまるだろう」と考えを変えてみることで、かなり計画は充実します。それも必須ではありませんが、月案などの計画で少し意識してみると、自分の保育を見る目がぐっと高まるでしょう。

あなたからの大切な一歩を期待しています。

まずはここから！

- 自分自身がワクワクして、計画を書いてみる
- 5領域や10の姿についての意識を見直す

Q3 クラスの計画をたてる際の 子どもの姿の捉え方は？

月齢や発達の個人差が大きい０・１・２歳児クラスでは、クラス全体の計画が個別の計画と合わなくなってしまいます。集団の計画をたてるポイントはありますか。発達がゆっくりな子も早い子もいるため、実際の姿のどこに照準を合わせればよいか悩んでいます。

（保育園 5年目）

大豆生田先生

A クラスの計画も個別の計画も、子どもが今、なにに興味・関心をもっているかを見ることが大切です。週案や月案を考える際、一人ひとりの子どもが今週あるいは今月、特になにに興味・関心をもっていたかを振り返りましょう。クラスでブームになっている遊びがいくつかある場合、その遊びに夢中になる子どもたちの群れはどんなことに興味をもち、その遊びのなにに関心をもっているのでしょうか。すべては、それを考えるところから始まります。

その興味・関心を明日、翌週、翌月につながるように計画をたてますが、もちろん、その時期や季節に応じて経験してほしい内容もあると思います。その時期の一人ひとりの子どもの姿に合わせて提供していくことを大切に考えて、クラスの計画に織り込みましょう。

Q4 設定保育を 子ども主体の活動にするためには？

「○か月の頃に教えたいこと」「○月に経験させたいこと」を中心に活動を設定しています。また、子どもができることや知っていることに、クラス内で大きく差が開いてしまう場合、経験の少ない子をフォローするための活動を計画します。設定保育でも保育者主導にならず、活動を子ども主体で行うには、どのような配慮が必要でしょうか。

（保育園 6年目）

大豆生田先生

A 設定保育というのは、保育者の計画どおりにだけ進めていくものだと思い込んではいませんか？ どんなときも子どもの主体性は大切です。保育者が経験させたい内容があって活動のテーマを決めている場合でも、活動自体はそれぞれの子どもの姿に合わせて工夫する必要があるでしょう。

たとえば、クラス全体の活動で絵を描く場合も、大きなテーマはあるにせよ、ある程度はその子の描き方が尊重されることが大切です。なかなか気持ちが乗らない子には、「別のテーマで描いてみる？」などと、その子が取り組みやすい方法を提案してみてもよいと思います。その子なりに絵を描くことを楽しむことが大切なのであれば、そのような柔軟な捉え方が求められるでしょう。このように子どもの姿に寄り添っていくと、子ども主体で展開される活動になるのだと思います。

Q5 実際に計画を変えていくには……

決まった曜日・時間に、翌月の計画に向けてクラス会議を行っていますが、必要に応じて会議を行う方が効率的だと感じます。定期開催がよいと考える保育者もいて、意見が対立してしまいます。保育者間の情報共有が難しいのが悩みです。

（保育園 5年目）

指導計画を変えようとすると、初めてのことなので「探り探りやってみる」という期間が必ず発生します。その間の保育も「試している状態」になってしまうのではと思い、子どもたちにも申し訳ない気持ちがあります。

（保育園 8年目）

変更の可能性がある計画を、どこまで具体的に書けばよいのか悩んでしまいます。どのように書くとよいでしょうか。

（幼稚園 10年目）

自分たちの園に合った指導計画のフォーマットの選び方に悩んでいます。うちの園にはどういう形が向いているか、また、必ず入れなければならない項目があるかなどがわからず、なかなか踏み出せません。

（保育園 24年目）

大豆生田先生

A　もし、計画の書き方が担任に委ねられているのであれば、まずは自分から新たな書き方に挑戦してみてはどうでしょうか。その具体的な方法はさまざまです。

　第一には、これまでの日案・週案・月案のフォーマットに、ただ決められた予定だけを書き込んでいくのではなく、子どもの姿から「この活動を入れてみよう」「あの遊びをやってみよう」と考えるアプローチがあります。

　第二には、記録と計画を一体的につくってみるのも一つです。毎日の記録に明日の計画を書き込んでしまうアプローチです。

　第三には、計画そのものを新たな書き方で書いてみる方法もあります。たとえば、ウェブ式や環境マップで計画を作成するのも一案です。変えていく第一歩はそれぞれかと思います。

　園全体で計画の書き方を考えていくのであれば、どのような計画の書き方があるのか、職員で意見を出しながら、自分たちに一番合うやり方を探っていくのがよいと思います。すぐに決めてしまわないで、やりながら試行錯誤していくのも大切かもしれません。また、子どもの年齢や保育者のパーソナリティによって、合う書き方が違う可能性もあるので、違いを尊重することも考えてみましょう。

　どのような形にせよ、なにかを変えようと新しいことを始めれば、しばらくは時間や手間はかかるでしょう。けれど、結果的に子どもたちや保育者自身にプラスになっていきます。変わっていくことを前向きに捉えて、取り組んでほしいと思います。

まずはここから！

〈個人やクラスで変える場合〉
● 主な3つのアプローチから試してみる

〈園全体で変える場合〉
● 変えていくことを前向きに捉え、職員で意見を出し合って自分たちに合うやり方を探る
● 園で共通の書き方でよいかどうかも合わせて検討する

 Q6 振り返りのポイントは？

子どもが「できなかったところ」を振り返り、目の前にある課題を達成することばかりを意識して翌週・翌月の計画を作成してしまっています。そのため、年や期の計画ともずれが生じています。振り返りの仕方を見直したいのですが、どういうことに気をつけるとよいでしょうか。

（保育園 5年目）

大豆生田先生

A　振り返りは、今日（今週、今月）の子どもの具体的な姿を通して、その子の思いや興味・関心、育ちなどを探っていくことです。クラス全体の姿の振り返りもありますが、まずは、個々に子どものことを考えていきましょう。毎日の記録を通して振り返ると同時に、同僚との対話、保護者との対話も大切です。他者と話すことで、理解がより深まることは多々あります。毎日必ず納得感をもって理解できるというわけではないでしょう。だからこそ、毎日の振り返りが専門職として不可欠です。その振り返りから、「じゃあ、明日こう関わってみよう」という次の計画につながっていくのです。

 Q7 指導計画の無駄をなくしたい！

指導計画作成に時間がかかりすぎて困っています。手書きはやめて、書類仕事はデータ共有し、効率よく行って、もっと時間を短縮したいです。

（認定こども園 4年目）

簡素化しても、やはり指導計画の作成には時間がかかります。さらに負担を減らせる方法はないのでしょうか。

（幼稚園 17年目）

大豆生田先生

A　大切なことは、これまでの子どもの姿がおさえられ、子どもになにを経験してほしいかの保育者の願い（ねらい）と、そのための具体的な活動や環境、保育者の関わり方が示されることです。勤務時間に書き物の仕事が終えられないという問題が多く生じているので、無駄をなくしたいという思いはもっともです。しかし、上記のような保育者の思いが反映された計画を、すぐに短時間で作成するのは難しいかもしれません。

これまで形式的に書き写すという方法をとっていた園が、なんでもただ書けばよいのではなく、大切なポイントを踏まえて自分たちで書いていくことをすれば、自然とワクワクする計画になり、負担感は減るでしょう。時間を短縮するためには、どれくらいの時間で書き上げるかというおおよその目安など、園全体のタイムマネジメントの意識が必要かもしれません。

編著

大豆生田啓友 （おおまめうだ・ひろとも）

玉川大学教育学部乳幼児発達学科教授。幼児教育学・保育学・子育て支援などを専門に、講演やテレビのコメンテーターとしても活躍。主な著書に『「語り合い」で保育が変わる』（学研教育みらい）、『日本が誇る！ていねいな保育』『日本版保育ドキュメンテーションのすすめ』（以上、小学館）、『園行事を「子ども主体」に変える！』（チャイルド本社）ほか多数。

計画実例・写真協力園（掲載順）※本文中の肩書は執筆時のものです

社会福祉法人ほうりん福祉会　幼保連携型認定こども園 寺子屋まんぽう（愛知県・名古屋市）

幼稚園型認定こども園　学校法人伸和学園　堀川幼稚園（富山県・富山市）

社会福祉法人鐘の鳴る丘友の会　認定こども園さくら（栃木県・栃木市）

社会福祉法人慈照福祉会　幼保連携型認定こども園 もりやまこども園（長崎県・諫早市）

株式会社コティ　あそびの保育園（埼玉県・新座市）

社会福祉法人乳児保護協会　白百合愛児園（神奈川県・横浜市）

社会福祉法人ユーカリ福祉会　八国山保育園（東京都・東村山市）

装丁●鷹觜麻衣子
カバー・本文イラスト●Meriko
１章撮影●山﨑友也（有限会社レイルマンフォトオフィス）
本文校正●有限会社くすのき舎
編集協力●株式会社童夢
編集●西岡育子　川波晴日

子どもの姿からつくる

これからの指導計画

2023年３月　初版第１刷発行
2024年１月　　第２刷発行

編　著／大豆生田啓友
発行人／大橋 潤
編集人／竹久美紀
発行所／株式会社チャイルド本社
　　　　〒112-8512　東京都文京区小石川5-24-21
　　　　電話／03-3813-2141（営業）　03-3813-9445（編集）
振替／00100-4-38410
印刷・製本／図書印刷株式会社

チャイルド本社のウェブサイト
https://www.childbook.co.jp/
チャイルドブックや保育図書の情報が盛りだくさん。
どうぞご利用ください。